suhrkamp taschenbuch 5013

»Was da unaufhörlich tickt / und feuert, das soll ich sein?« Die Neugier auf die Erfahrung seiner selbst und auf die Rätsel, die »ihm der Alltag und die Philosophie und die Biologie zuspielen« (DER SPIEGEL), hat sich Hans Magnus Enzensberger seit der *Verteidigung der Wölfe* (1957), seinem ersten Gedichtband, nicht nehmen lassen. In all den Jahrzehnten seither ist sein Werk wie wenige andere zu einem poetischen Vademecum für Zeitgenossen geworden. »Wir wüßten keinen, mit dem wir uns lieber einen Reim auf diese Welt machen würden«, schrieb einmal die *Neue Zürcher Zeitung* – voilà: Enzensbergers persönliche Auswahl seiner Gedichte aus sieben Jahrzehnten.

Wieder hat Enzensberger die Taschenbuchausgabe seiner gesammelten Gedichte im Fünfjahresrhythmus renoviert: Einiges aus der älteren Zusammenstellung wurde herausgenommen, mehrere bislang ungedruckte Gedichte kamen hinzu. So schreibt sich die Auswahl seiner Gedichte weiter fort als die Geschichte eines Zeitgenossen, der die Systeme hinter sich läßt und der unfaßlichen Monstrosität der ›Realität‹ (s)eine Sprache gibt.

Zuletzt sind von Hans Magnus Enzensberger im Suhrkamp Verlag erschienen: *Überlebenskünstler. 99 Literarische Vignetten aus dem 20. Jahrhundert* (2018), *Eine Handvoll Anekdoten, auch opus incertum* (2018), *Eine Experten-Revue in 89 Nummern* (2019).

Hans Magnus Enzensberger
Gedichte
1950-2020

Suhrkamp

Klimaneutral
Druckprodukt
ClimatePartner.com/14438-2110-1001

2. Auflage 2023

Erste Auflage 2019
suhrkamp taschenbuch 5013
Originalausgabe

Umschlaggestaltung: Göllner, Michels, Zegarzewski
Umschlagfoto: Jürgen Bauer
Satz: Satz-Offizin Hümmer GmbH, Waldbüttelbrunn
Druck: CPI books GmbH, Leck
Printed in Germany
ISBN 978-3-518-47013-8

www.suhrkamp.de

Gedichte
1950-2020

Utopia

Der Tag steigt auf mit großer Kraft
schlägt durch die Wolken seine Klauen
Der Milchmann trommelt auf seinen Kannen
Sonaten: himmelan steigen die Bräutigame
auf Rolltreppen: wild mit großer Kraft
werden schwarze und weiße Hüte geschwenkt.
Die Bienen streiken. Durch die Wolken
radschlagen die Prokuristen,
aus den Dachluken zwitschern Päpste.
Ergriffenheit herrscht und Spott
und Jubel. Segelschiffe
werden aus Bilanzen gefaltet.
Der Kanzler schussert mit einem Strolch
um den Geheimfonds. Die Liebe
wird polizeilich gestattet,
ausgerufen wird eine Amnestie
für die Sager der Wahrheit.
Die Bäcker schenken Semmeln
den Musikanten. Die Schmiede
beschlagen mit Eisernen Kreuzen
die Esel. Wie eine Meuterei
bricht das Glück, wie ein Löwe aus.
Die Wucherer, mit Apfelblüten
und mit Radieschen beworfen,
versteinern. Zu Kies geschlagen,
zieren sie Wasserspiele und Gärten.
Überall steigen Ballone auf,
die Lustflotte steht unter Dampf:
Steigt ein, ihr Milchmänner,
Bräutigame und Strolche!
Macht los! mit großer Kraft
steigt auf
der Tag.

Geburtsanzeige

Wenn dieses Bündel auf die Welt geworfen wird
die Windeln sind noch nicht einmal gesäumt
der Pfarrer nimmt das Trinkgeld eh ers tauft
doch seine Träume sind längst ausgeträumt
es ist verraten und verkauft

wenn es die Zange noch am Schädel packt
verzehrt der Arzt bereits das Huhn das es bezahlt
der Händler zieht die Tratte und es trieft
von Tinte und von Blut der Stempel prahlt
es ist verzettelt und verbrieft

wenn es im süßlichen Gestank der Klinik plärrt
beziffern die Strategen schon den Tag
der Musterung des Mords der Scharlatan
drückt seinen Daumen unter den Vertrag
es ist versichert und vertan

noch wiegt es wenig häßlich rot und zart
wieviel es netto abwirft welcher Richtsatz gilt
was man es lehrt und was man ihm verbirgt
die Zukunft ist vergriffen und gedrillt
es ist verworfen und verwirkt

wenn es mit krummer Hand die Luft noch fremd begreift
steht fest was es bezahlt für Milch und Telefon
der Gastarif wenn es im grauen Bett erstickt
und für das Weib das es dann wäscht der Lohn
es ist verbucht verhängt verstrickt

wenn nicht das Bündel das da jault und greint
die Grube überhäuft den Groll vertreibt

was wir ihm zugerichtet kalt zerrauft
mit unerhörter Schrift die schiere Zeit beschreibt
ist es verraten und verkauft.

Verteidigung der Wölfe gegen die Lämmer

Soll der Geier Vergißmeinnicht fressen?
Was verlangt ihr vom Schakal,
daß er sich häute, vom Wolf? Soll
er sich selber ziehen die Zähne?
Was gefällt euch nicht
an Politruks und an Päpsten,
was guckt ihr blöd aus der Wäsche
auf den verlogenen Bildschirm?

Wer näht denn dem General
den Blutstreif an seine Hose? Wer
zerlegt vor dem Wucherer den Kapaun?
Wer hängt sich stolz das Blechkreuz
vor den knurrenden Nabel? Wer
nimmt das Trinkgeld, den Silberling,
den Schweigepfennig? Es gibt
viel Bestohlene, wenig Diebe; wer
applaudiert ihnen denn, wer
steckt die Abzeichen an, wer
lechzt nach der Lüge?

Seht in den Spiegel: feig,
scheuend die Mühsal der Wahrheit,
dem Lernen abgeneigt, das Denken
überantwortend den Wölfen,
der Nasenring euer teuerster Schmuck,
keine Täuschung zu dumm, kein Trost
zu billig, jede Erpressung
ist für euch noch zu milde.

Ihr Lämmer, Schwestern sind,
mit euch verglichen, die Krähen:

ihr blendet einer den andern.
Brüderlichkeit herrscht
unter den Wölfen:
sie gehn in Rudeln.
Gelobt sein die Räuber: ihr,
einladend zur Vergewaltigung,
werft euch aufs faule Bett
des Gehorsams. Winselnd noch
lügt ihr. Zerrissen
wollt ihr werden. Ihr
ändert die Welt nicht.

Blindlings

Siegreich sein
wird die Sache der Sehenden
Die Einäugigen
haben sie in die Hand genommen
die Macht ergriffen
und den Blinden zum König gemacht

An der abgeriegelten Grenze stehn
blindekuhspielende Polizisten
Zuweilen erhaschen sie einen Augenarzt
nach dem gefahndet wird
wegen staatsgefährdender Umtriebe

Sämtliche leitende Herren tragen
ein schwarzes Pflästerchen
über dem rechten Aug
Auf den Fundämtern schimmeln
abgeliefert von Blindenhunden
herrenlose Lupen und Brillen

Strebsame junge Astronomen
lassen sich Glasaugen einsetzen
Weitblickende Eltern
unterrichten ihre Kinder beizeiten
in der fortschrittlichen Kunst des Schielens

Der Feind schwärzt Borwasser ein
für die Bindehaut seiner Agenten
Anständige Bürger aber trauen
mit Rücksicht auf die Verhältnisse
ihren Augen nicht
streuen sich Pfeffer und Salz ins Gesicht

betasten weinend die Sehenswürdigkeiten
und erlernen die Blindenschrift

Der König soll kürzlich erklärt haben
er blicke voll Zuversicht in die Zukunft

An alle Fernsprechteilnehmer

Etwas, das keine Farbe hat, etwas,
das nach nichts riecht, etwas Zähes,
trieft aus den Verstärkerämtern,
setzt sich fest in die Nähte der Zeit
und der Schuhe, etwas Gedunsenes,
kommt aus den Kokereien, bläht
wie eine fahle Brise die Dividenden
und die blutigen Segel der Hospitäler,
mischt sich klebrig in das Getuschel
um Professuren und Primgelder, rinnt,
etwas Zähes, davon der Salm stirbt,
in die Flüsse, und sickert, farblos,
und tötet den Butt auf den Bänken.

Die Minderzahl hat die Mehrheit,
die Toten sind überstimmt.

In den Staatsdruckereien
rüstet das tückische Blei auf,
die Ministerien mauscheln, nach Phlox
und erloschenen Resolutionen riecht
der August. Das Plenum ist leer.
An den Himmel darüber schreibt
die Radarspinne ihr zähes Netz.

Die Tanker auf ihren Helligen
wissen es schon, eh der Lotse kommt,
und der Embryo weiß es dunkel
in seinem warmen, zuckenden Sarg:

Es ist etwas in der Luft, klebrig
und zäh, etwas, das keine Farbe hat

(nur die jungen Aktien spüren es nicht):
Gegen uns geht es, gegen den Seestern
und das Getreide. Und wir essen davon
und verleiben uns ein etwas Zähes,
und schlafen im blühenden Boom,
im Fünfjahresplan, arglos
schlafend im brennenden Hemd,
wie Geiseln umzingelt von einem zähen,
farblosen, einem gedunsenen Schlund.

Schaum

> No le bastó después a este elemento
> conducir orcas, alistar ballenas,
> murarse de montañas espumosas,
> infamar blanqueando sus arenas
> con tantas del primer atrevimiento
> señas – aun a los buitres lastimosas –,
> para con estas lastimosas señas
> temeridades enfrenar segundas.
>
> Góngora, Soledades I, 435-442.

Ich bin geblendet geboren, Schaum in den Augen,
brüllend vor Wehmut, ohne den Himmel zu sehen,
am schwarzen Freitag, heute vor dreißig Jahren.

Schaum vor dem Mund des Jahrhunderts! Schaum
in den Kassenschränken! Jaulender Schaum
in den Gebärmüttern und den Luxusbunkern!
Schaum in den rosa Bidets!

Dagegen hilft kein himmlischer Blitz! Das blüht,
das überzieht die Erde an Haupt und Gliedern
mit rasendem Rotz! Das reutet kein Feuer,
kein Schwert! Das endet nicht! Dagegen gibt es,
ehrlich gesagt, keinen Rat, kein Beil, kein Geheimnis.
Das ist zu süß! Das steigt aus dem Abgrund auf
und schäumt! und schmunzelt! und schäumt!

Reicht mir die Bruderhand, ihr Verräter,
übersät mit Warzen, Flaksplittern und Brillanten,
Bewohner schmutziger Nebensätze,
reicht mir den Adamsapfel zum Judasbiß,
das schäumende Seifenherz und den Kontoauszug,
rosig von Hämoglobin! Zieht mich zu Grund,
tiefer zu euch, zu den anderen Quallen,
in den freiberuflichen Schaum!

Hier stehe ich täglich, ein Feuerschlucker wie ihr,
wie alle andern, an meiner Straßenecke, von neun
bis fünf, und schlucke mühsam für zwanzig Mark
mein eigenes Feuer, knietief im schäumenden Status quo,
unter Vergasern und Ampeln.
Horch!

Wer ruft Grüßgott aus dem Schaum?
Wer heißt mich hoffen? und warum hoffen?
Wer reicht mir die klebrige Bruderhand?

Loslassen! Loslassen! Ich bin keiner von euch
und keiner von uns: ich bin zufällig geboren
unter schäumenden Wasserwerfern, zufällig brüllend,
ehrlich gesagt, allein, ohne Brüder, geblendet,
am schwarzen Freitag, in einem rosa Bidet.

Und warum allein? und warum rosa? und warum
nicht? und warum ehrlich gesagt?

Wer schluckt nicht sein eigenes Feuer? Wer
watet nicht durch abgemähte Fingernägel fürbaß?
Wer hat keine schmierige Klausel in seinem Vertrag?
Wer will erlöst werden und von wem? und wovon?
Wer frißt nicht unaufhörlich mit vorzüglicher Hochachtung?
Wer ist nicht veranlagt? Wer hat die Angstschreie
auf den Hauptversammlungen nicht vernommen?

Wer hat keine Bronchien aus Plastik? Na also!
Wer war schon in einer Fabrik? Wer
riecht nicht aus dem Hals? Wer
ist nicht geschieden, und warum nicht?
Wer schreibt keine Ansichtskarten aus Capri?
Wer hurt nicht mit der Geschichte herum?
Wen reut sein Leben nicht? und warum nicht?

und warum nicht? Wer sagt nicht: und so weiter?
und warum so weiter? Wer schreit Hilfe?
und warum Hilfe? und warum warum?

Wer weiß nicht daß er verreckt? Aber woher denn,
daran stirbt man nicht! Wer ist nicht Tachist?
Wer hat keine Handschellen vor dem Mund,
und kein desinfiziertes Gehirn? Aber woher,
aber woher denn die Honorare, und warum nicht?
Woher die Müllhaufen, aus denen Pfauen brechen
und mystische Rosen? und, ehrlich gesagt: woher,
woher dieser Schaum?

Gebt mir die Hand, erloschene Feuerschlucker!
Mumien, vermummt in rosigem Schaum, Grüßgott!
Reicht mir die schaumige Speiseröhre zum Gruß,
siehe, ich bin einer von euch,
ich will euch ersticken im eigenen Schaum!

Denn zufällig lebe ich noch!
Zufällig bin ich stark wie ein Krüppel,
der Niemand heißt, ehrlich gesagt,
daran stirbt man nicht, stark
und ohne Adresse und kalt wie der Himmel.

So geht doch! Geht! Worauf wartet ihr noch?
Auf die Hochbahn, auf die Niewiedergutmachung,
auf die steuerbegünstigte Sintflut?

Das Jüngste Gericht ist bestochen,
Leihwagen fahren die Päpste
in ihrer Tiara aus Schaum.

An glühenden Telefonen baumeln die Makler
im Schweiß ihrer schweinsledernen Gesichter:

Der Klassenkampf ist zu Ende, am Boden liegt
die Beute in ihrem Fett, liquide,
Schaum in den rosigen Augen. Verschimmelt
in den Vitrinen ruhn, unter Cellophan,
Banner und Barrikaden. Aus einer antiken Jukebox dröhnt
die Internationale, ein müder Rock.

Die Generalstäbe spielen Weltraumgolf.
Hinter der Schallmauer nimmt der Fortschritt
eine Parade von lenkbaren Lehrstühlen ab.

In den Staatsbanken singen kastrierte Kassierer
schaumige Arien, bis die begeisterten Damen
ihr Gefrierfleisch aus dem Chinchilla schälen.

Tränengas, Cadillacs und Baracken
für die Afrikaner! Rabattmarken her
für die Hungerödeme der Freien Welt!

Und warum nicht diese prämierten Euter?
Filmhintern in rosigem Schaum, Striptease
des Abendlandes von Bottrop bis San Diego?

Ehrlich gesagt: warum nicht? und warum
keine Rampen? Sollen es unsere Kinder vielleicht
besser haben als wir? Aber woher denn!

Woher die möblierten Herren, die unter die Teppiche kriechen
und das geflammte Furnier und die Stellenangebote zerbeißen?
Woher? und wohin mit ihnen? Wohin mit den Witwen?
Wohin mit den Kommunisten? Wohin mit dem,
was da Hölderlin sagt und meint Himmler, mit dem,
was da Raketen und Raten abstottert, was da filmt
und vögelt und fusioniert? Wohin mit den Erzbischöfen?
Wohin mit den abgeschabten Genies, die vor Angst

aus dem Fenster fallen? Hinaus, hinaus in den Regen!
In den tiefen ranzigen Schaum, in die Irrenhäuser,
in die Gefängnisse, in die Kongreßhallen,
wo der Speichel der Lügner von den Wänden rinnt,
wohin denn sonst? In die gußeisernen Krematorien,
und in die hundertfältig verfluchten Zollämter,
Hauptzollämter und Zollaufsichtsbehörden!

Und wohin mit uns? Wohin mit dem,
was die Fußballstadien schäumend füllt
und schreit nach Coca-Cola und Blut?
Wohin mit dem lieben Gott? Wohin
mit seinem glasscherbenfressenden Ebenbild?
Freiwillig in die Bundeswehr! in den Schaum!
in den rasenden schwarzen rosigen Schaum!
in den wiehernden schäumenden Schaum!

Loslassen! Finger weg! Zufällig lebe ich noch!
Zufällig bin ich geboren!

Und ich kenne diesen Geschmack nach Chlor und Blei:
schmeckt ihr es nicht im Sahnebaiser,
ihr unaufhörlichen fressenden Leichen bei Kranzler?
Heil Hitler! Vergelts Gott! diesen Geschmack
nach Auschwitz im Café Flore, im Doney,
nach Budapest, im Savoy, und nach Johannesburg?

Und warum so weiter? und warum dieses Gebären
alberner Fünflinge aus bloßem Zeitungspapier,
diese Ausbrüche rührender alter Vulkane,
diese Krönungen und Krawalle? Schluß damit!
Aufhören! Ehrlich gesagt, diese Springfluten,
daran stirbt man nicht! Man stirbt auf dem Stuhl,
wenn man bedenkt, daß sich die Menschen essen,
ein Mensch, ehrlich gesagt, den andern!

Und warum nicht? und warum kein Lebkuchenherz
und keine Gratisaktien für den Kultusminister?
Na und? und warum keinen Mokka? Warum kein Koma?
Warum kein Amok? Daran stirbt man nicht!
Man stirbt in der Nato, an Herzverseifung,
ehrlich gesagt, in einem Knäuel von Ministranten,
in einem Schaumgummihochhaus in Düsseldorf,
man stirbt auf dem Stuhl, ehrlich gesagt,
wenn man bedenkt, wer man ist!

Kauft euch Särge mit Klimaanlage und Wasserspülung,
wahrlich, wahrlich, die Preise steigen, ade!
Bald habt ihr Schmirgel im Hals.

Worauf wartet ihr noch? Stopft euch den Schmuck
in die Busen, den Büchsenöffner, das Cembalo,
bietet der Nemesis eine Pauschale an
und packt! Packt die Vergütungen ein,
die Gasmaske und den Unterleib!

Kauft Geigerzähler und alte Meister!
Kauft Knaben auf und verrichtet an ihnen,
solange Vorrat, euer Gesabber!
Kauft euch den Montag, das Meer!
Kauft euch Porridge und Bomben, kauft
vom Flugplatz weg das Genie!
Kauft euch das Gift, das ich euch
auf die käuflichen Zungen lege,
um euch zu töten, um euch zu erfrischen!
Kauft euch Kultur und wälzt sie wie einen Kaugummi
zwischen den Kiefern! Gründet euch schnöde Schweizen!
Stockt auf! Warum nicht? Setzt um! Stellt glatt!
Macht flüssig! Schreibt ab! Schüttet aus!

Und warum nicht? Warum keine Kopfjäger
in kessen Kabriolets? Warum keine Kübel
voll Affenhormon in der Nervenklinik?
Wer wirft da, ehrlich gesagt, den ersten Stein?

Wer lebt nicht von Spritzen? Wer knackt,
auf den Kreuzungen, keine Schädel? Na also!
Wer ist nicht am Schleimhauthandel beteiligt?
Wer weiß nicht was Waschzwang ist? Wer heißt nicht Pilatus?

Aufmachen! Schluß! Die Steuerfahndung ist da!
    Die Trauzeugen!
Das Bundesverdienstkreuz! Der gemischte Chor!
    Die Statistik!
Der himmlische Bräutigam und der Generalstreik!
Die Gashähne auf! Stoßgebet! Furcht und Zittern!

Grüß Gott! An die Barren! Zur Riesenkippe! Ein Lied!
Bis dat qui cito dat! Vergelts Gott! Die Fahne hoch!
Si vas pacem para bellum! Ausziehen! Hinlegen!
In saecula saeculorum!

Das hört nicht auf! Das stirbt, ununterbrochen,
aber nicht ganz, das faselt geschmeichelt
von Apokalypse, das frißt am Nullpunkt noch Kaviar
und spritzt sein Eiweiß gegen die Zuchthauswand!
Lebewohl, lebewohl, interkontinentales Rülpsen,
das krault durch Ströme von Gin und Chanel,
und riecht nach Schaum und Kloake! Das hört nicht auf!

Das hat keinen Zweck! Da hilft kein himmlischer Blitz!
Da hilft kein Rilke und kein Dior! Das stinkt
auf den automatischen Bachwochen zum Himmel!
Das sind Gesichter aus Mayonnaise und Kitt!
Das schlägt in der Stunde seines Absterbens zu
mit Schaumlöscher, Gasrohr und Aktennotiz!

Loslassen! Schluß! Davon weiß ich nichts!
Ich bin keiner von uns! Ich bin niemand!
Finger weg! Ich bin allein! Laßt mich los!

Ich will euch nicht ändern! Vergelts Gott!
Das läßt mich kalt! Das hat keinen Zweck!

Brüder im Schaum, Prälaten und Feuerschlucker,
schaumgeborene Aufsichtsräte, ich sehe euch zu,
gleichgültig, ehrlich gesagt, und frage mich:
Wahrlich, wahrlich, wohin mit euch,
geblendete Seifenherzen, wohin? und warum
zur Hölle, und warum nicht? und warum
liebt ihr Johann Sebastian Bach? und warum
habt ihr Nasen wie ich? und warum schäumt süß
wie ein fernes Blutgerinnsel die Zukunft
am rosigen Himmel?

Ja, hieße ich Niemand, wäre ich niemands Bruder
im Niemandsland, wäre ich weggerissen, so,
daß ich ruhen könnte, von den Lebendigen!
Wäre ich, zufällig, keiner von euch und von uns,
wäre ich frei davon, von uns, von diesem Schaum,
diesem triefenden schmunzelnden süßen Schaum
vor dem Mund des Jahrhunderts, der steigt
und steigt und bläht sich in den Tresoren,
in den Brautbetten, in den Gedichten, und,
warum nicht? in meinem schaumigen Herzen,
das schwimmt, geblendet, im kochenden Schaum
und rostet, und schwimmt,
unsterblich wie eine Büroklammer,

wohin wohin

in die rosige Zukunft.

Wortbildungslehre

In den toten Hemden
ruhn die blinden Hunde
Um die kranken Kassen
gehn die wunden Wäscher

Und die waisen Häuser
voll von irren Wärtern
leihn den fremden Heimen
ihre toten Lieder

Doch die kranken Hunde
ziehn den irren Wäschern
ihre waisen Hemden
aus den toten Kassen

Vor den blinden Liedern
fliehn die fremden Wärter
aus den wunden Heimen
in die toten Häuser

Alle wunden Wäscher
in den kranken Kassen
ruhn mit blinden Hunden
in den toten Hemden

In den toten Kassen
in den toten Häusern
in den toten Heimen
in den toten Liedern

ruhn die toten Toten

Küchenzettel

An einem müßigen Nachmittag, heute
seh ich in meinem Haus
durch die offene Küchentür
eine Milchkanne   ein Zwiebelbrett
einen Katzenteller.
Auf dem Tisch liegt ein Telegramm.
Ich habe es nicht gelesen.

In einem Museum zu Amsterdam
sah ich auf einem alten Bild
durch die offene Küchentür
eine Milchkanne   einen Brotkorb
einen Katzenteller.
Auf dem Tisch lag ein Brief.
Ich habe ihn nicht gelesen.

In einem Sommerhaus an der Moskwa
sah ich vor wenig Wochen
durch die offene Küchentür
einen Brotkorb   ein Zwiebelbrett
einen Katzenteller.
Auf dem Tisch lag die Zeitung.
Ich habe sie nicht gelesen.

Durch die offene Küchentür
seh ich vergossene Milch
Dreißigjährige Kriege
Tränen auf Zwiebelbrettern
Anti-Raketen-Raketen
Brotkörbe
Klassenkämpfe.

Links unten ganz in der Ecke
seh ich einen Katzenteller.

Notizbuch

Abgenutzt, kleine Spuren im Leder,
berieben nennen die Buchhändler das,
alt, doch jünger als ich.

Roberto Moretti aus Santiago:

Nummern die nicht mehr antworten,
oder es meldet sich
eine chemische Reinigung.

Claudine Avilain aus Clermont-Ferrand:

Verschwundne Minuten,
Namen notiert in Hotelbetten,
auf Bahnsteigen oder Kongressen.

Olga Diez aus Gunzenhausen:

Empfänger unbekannt verzogen,
Amtszeichen, der Anschluß
besteht nicht mehr.

War ich je in Clermont-Ferrand?
Olga, Roberto, Claudine:
wer mag das gewesen sein?

Liebe, Brot, ein Gespräch,
ein Nachtlager, ein Versprechen,
das niemand gehalten hat.

Der Zufall mit seinem Gewisper,
mit seinen toten Gesichtern,
seinen blinden Namen.

So steht der meinige, leicht
berieben, älter als ich,
in anderen Büchern:

Wer mag das gewesen sein?
Wer immer es war,
streicht ihn aus.

Mund

Hat sich geöffnet, nach Luft gerungen,
hat etwas Warmes gekannt,
Ah gesagt überm kalten Löffel.
Was weiß ein Mund.

Lirum larum, so schmeckt der Bleistift,
so schmeckt die Eisblume,
so die stählerne Zahnarztklammer,
so schmeckt im Kasten der Sand.

Was weiß ein Mund. Kennt Milch und Blut,
Brot und Wein, Zucker und Salz,
hat unterschieden Morsches von Dürrem,
Schleimiges von Verbranntem.

Hat sich gegen das Übel gewehrt
mit Lirum und Larum,
Hustensaft und Oblaten.
Hat sich getäuscht.

Was weiß ein Mund.
Weiß nichts, sucht, will nicht,
verzehrt und verzehrt sich,
sucht und läßt sich versuchen.

Sucht Freundschaft mit noch einem Mund,
sucht ein Ohr, ringt nach Luft,
öffnet sich, teilt sich mit.
Was weiß ein Mund.

Hat sich getäuscht, ist dunkel,
hat gesucht und knirschend gefunden

etwas Kaltes, Dunkles,
hat sich verschlossen.

Rädelsführer

Etwas woran man sich halten kann,
zum Beispiel Stacheldraht,
Etwas Unvergängliches,
meinetwegen auf Stelzen.
Ja wer das hätte,
eine Stütze.

Oder wenigstens im Kopf
eine heile Welt,
sagen wir: drei Pfund Zement.

Was wollt ihr, ich bin geständig.
Unter meinen Haaren
will es nicht hart werden.

Unter der Wolle getarnt
mein konspirativer Apparat:
Todfeind all dessen,
was uns heilig zu sein hat
und basta.

Zehn hoch zehn Zellen:
wenn das nicht Hochverrat ist!

Zu meiner Verteidigung
habe ich nichts zu sagen.

Bibliographie

Dies ist für dich geschrieben.
Windungen unter der Rinde,
Zitterschrift hinter den Schläfen,
Ameisenwege.

Das ist keine Kunst.

Gedruckte Schaltung,
Kommunismus
der Polypeptide,
elektronische Schlüsselblumen,
Lerchen, programmgesteuert.

Nimm und lies,
alter Selbstmörder.

Genetische Manifeste,
Permutationen, Triller.
Jeder Kristall ein Chef-d'œuvre.
Libellenaugen zu konstruieren
ist keine Kunst,
aber Weltreiche sind simpler gebaut.

Diese Brennessel
könnte von Proust sein:
Feedback-System zweiten Grades,
ultrastabil.

Bis dir das Buch in die Hand kommt,
ist es zum Lesen
vielleicht schon zu dunkel.

Ob die Libellen
ohne uns auskommen werden,
wissen wir nicht.

Es ist anzunehmen.

Wirf das Buch fort
und lies.

Middle Class Blues

Wir können nicht klagen.
Wir haben zu tun.
Wir sind satt.
Wir essen.

Das Gras wächst,
das Sozialprodukt,
der Fingernagel,
die Vergangenheit.

Die Straßen sind leer.
Die Abschlüsse sind perfekt.
Die Sirenen schweigen.
Das geht vorüber.

Die Toten haben ihr Testament gemacht.
Der Regen hat nachgelassen.
Der Krieg ist noch nicht erklärt.
Das hat keine Eile.

Wir essen das Gras.
Wir essen das Sozialprodukt.
Wir essen die Fingernägel.
Wir essen die Vergangenheit.

Wir haben nichts zu verheimlichen.
Wir haben nichts zu versäumen.
Wir haben nichts zu sagen.
Wir haben.

Die Uhr ist aufgezogen.
Die Verhältnisse sind geordnet.

Die Teller sind abgespült.
Der letzte Autobus fährt vorbei.

Er ist leer.

Wir können nicht klagen.

Worauf warten wir noch?

Weiterung

Wer soll da noch auftauchen aus der Flut,
wenn wir darin untergehen?

Noch ein paar Fortschritte,
und wir werden weitersehen.

Wer soll da unsrer gedenken
mit Nachsicht?

Das wird sich finden,
wenn es erst soweit ist.

Und so fortan
bis auf weiteres

und ohne weiteres
so weiter und so

weiter nichts

keine Nachgeborenen
keine Nachsicht

nichts weiter

Die Verschwundenen

für Nelly Sachs

Nicht die Erde hat sie verschluckt. War es die Luft?
Wie der Sand sind sie zahlreich, doch nicht zu Sand
sind sie geworden, sondern zu nichte. In Scharen
sind sie vergessen. Häufig und Hand in Hand,

wie die Minuten. Mehr als wir,
doch ohne Andenken. Nicht verzeichnet,
nicht abzulesen im Staub, sondern verschwunden
sind ihre Namen, Löffel und Sohlen.

Sie reuen uns nicht. Es kann sich niemand
auf sie besinnen: Sind sie geboren,
geflohen, gestorben? Vermißt
sind sie nicht worden. Lückenlos
ist die Welt, doch zusammengehalten
von dem was sie nicht behaust,
von den Verschwundenen. Sie sind überall.

Ohne die Abwesenden wäre nichts da.
Ohne die Flüchtigen wäre nichts fest.
Ohne die Vergessenen nichts gewiß.

Die Verschwundenen sind gerecht.
So verschallen wir auch.

Leuchtfeuer

I

Dieses Feuer beweist nichts,
es leuchtet, bedeutet:
dort ist ein Feuer.
Kennung: alle dreißig Sekunden
drei Blitze weiß. Funkfeuer:
automatisch, Kennung SR.
Nebelhorn, elektronisch gesteuert:
alle neunzig Sekunden ein Stoß.

II

Fünfzig Meter hoch über dem Meer
das Insektenauge,
so groß wie ein Mensch:
Fresnel-Linsen und Prismen,
vier Millionen Hefnerkerzen,
zwanzig Seemeilen Sicht,
auch bei Dunst.

III

Dieser Turm aus Eisen ist rot,
und weiß, und rot.
Diese Schäre ist leer.
Nur für Feuermeister und Lotsen
drei Häuser, drei Schuppen aus Holz,
weiß, und rot, und weiß. Post
einmal im Monat, im Luv
ein geborstner Wacholder,
verkrüppelte Stachelbeerstauden.

IV

Weiter bedeutet es nichts.
Weiter verheißt es nichts.
Keine Lösungen, keine Erlösung.
Das Feuer dort leuchtet,
ist nichts als ein Feuer,
bedeutet: dort ist ein Feuer,
dort ist der Ort wo das Feuer ist,
dort wo das Feuer ist ist der Ort.

Flechtenkunde

I
Daß die Steine reden,
soll vorkommen.
Aber die Flechte?

II
Die Flechte beschreibt sich,
schreibt sich ein, schreibt
in verschlüsselter Schrift
ein weitschweifiges Schweigen:
graphis scripta.

III
Sie ist der Erde
langsamstes Telegramm,
ein Telegramm das nie ankommt:
überall ist es schon da,
auch in Feuerland,
auch auf den Gräbern.

IV
»Wer das lesen könnt!«
Leichter entziffert sich
der Bart, der Papyrus,
der Schattenriß, das Gehirn,
als diese trockene Lunge.

V
Sie kämpft um ihr Leben
unbewaffnet
und kaum besieglich.
(Ich seh es euch an:

ihr glaubt mir nicht
was ich sage.)

VI
Niemals strauchelt die Flechte.
ihre Werke mißlingen nicht.
Vergesellschaftet hat sie,
höre ich, ihre Produktionsmittel,
die ehrwürdige Kommunistin.

VII
In unsern Verwirrungen
verlangt es mich oft
nach dem Anblick der Flechte.
Man bringe mir einen Berg,
und ich zeige euch was ich meine.

VIII
Isländisch Moos, Grauhaar,
wer hat dich verschleppt
in unsere Hausapotheke?
Gleichmütig stehst du uns bei
wenn wir Blut spucken.

IX
Worauf will dieser hinaus,
sagt ihr, mit seinen Flechten?
Soll er Hungermoos essen!
Wir haben keine Zeit.

X
Aber die Flechte,
Die Flechte hat Zeit.
Diese tausendjährige da
zu euern Füßen

hat Barbarossas Schuh
zertreten, doch sie
achtete seiner nicht.

XI
Nicht von den ungeschlachten
Schlachten der Reiter
ist das Färbermoos rot,
doch es war dabei.

XII
Unblutige Lunge, rostrot,
safran, korallen, orange,
persio, scharlach, orseille:
alles auf grauem Grund,
auf dem grauen Grund
von Spitzbergen.

XIII
So haltbar sind unsere Wahrheiten nicht.
Zudeckt die Flechte das tote Holz,
die Idole, den Schotter, die Lava,
überdauert Kirchen und Wracks.
Das Rentiermoos,
fast weiß, aber nicht ganz.

XIV
Ich weiß nicht, wehrt sich der Fels
gegen die Flechte?
Sie sprengt ihn nicht,
sie bewohnt ihn,
macht ihn bewohnbar.

XV

So wie es mit uns war war es nichts.
So wie es mit uns ist ist es nichts.
Das versteht sich. So
wie es mit uns sein wird
wird es vortrefflich sein,
ganz ohne Zweifel.

XVI

Aber ihr glaubt mir ja nicht
was ich sage.
Habt ihr immer noch nicht
euer Gehirn, euern Bart entziffert?

XVII

Ach ja, die Flechte,
beinahe
hätten wir sie vergessen.
Lichtflechte, Sonnenmoos,
Seibeiuns,
großes Gedächtnis.

XVIII

Vom Manna träumen wir alle.
Aber wer hat das Manna gemacht?
Das wissen die wenigsten.
Es war die Flechte.

XIX

Ich habe *vortrefflich* gesagt.
Vorläufig allerdings
sind wir noch nicht soweit
wie die Flechte.
Das versteht sich.

xx

Ich weiß nicht wie Manna schmeckt.
Aber es wird vortrefflich sein,
ganz ohne Zweifel.

Trigonometrischer Punkt

I

Ein paar Winkeleisen
geteerte Balken
ein wenig Schotter.

Dies ist kein Scheiterhaufen
Dies ist keine Opferstätte
Dies ist kein Blutgerüst.

O Normalnull Normalnull
du friedlichste
aller Gottheiten.

II

Wie deutlich die Welt ist
im Fadenkreuz
des Theodoliten.

Das kühle Auge
der Dosenlibelle:
ein winziger Himmel.

III

Winkeleisen Balken Schotter
und rot weiß rot weiß rot
eine vergessene Meßlatte.

Hier ruhen grüne Liebespaare
zwischen den Eierschalen
und wilde Katzen.

Unterm Laub verbirgt sich
ein toter Partisan
aus dem nächsten Krieg.

Ich bin da wo ich bin.
Ringsum, undeutlich,
sind böhmische Dörfer.

Mehrere Elstern

I
Über dem was der Tag heranschleppt
mit Hangen und Würgen
vergesse ich nicht
meine Elstern.

II
Beim Frühstück sitzend
erkenne ich:
Der Krieg ist nicht ausgebrochen.
Vor dem Fenster erkenne ich
eine Elster.

III
Elle m'agace l'agace.
Gazza, rufe ich, *gazza*
wenn sie mich ärgert
und füttre sie, meine Elster.

IV
»In der Jugend lernet sie reden«
straka soroka urraca
»und ist alsdann geschwätzig«
schalaster hegester:
woher weiß die Elster
ihre hundert Namen?

V
Wenn ich sie zählen will
schimpft sie
und straft mich Lügen:
meine Elster verwandelt sich
in einen Schwarm von Elstern.

VI
Schackschawerack:
unentbehrlich
sind mir meine Elstern,
sie lachen mich aus.

VII
Das Schwarz meiner Elstern
ist violett, ihr Violett
ist stahlblau,
ihr Stahlblau ist schwarz.

VIII
Es ist kein Verlaß auf euch,
Elstern.
Wie seid ihr mir überlegen.

IX
Meine Elstern
sind niemands Elstern.
Sie kümmern sich nicht
um die Parole.

X
In den zwölf Nächten geschossen
verkohlt und zu Staub gerieben
heißen sie Diakonissenpulver
und helfen gegen die Fallsucht.

XI
Meine Elstern und ich:
nicht alles was man uns nachsagt
trifft zu.

XII

Nicht nützlich sind meine Elstern,
sie sind klug.
Sie lassen sich nicht
von mir zähmen.

XIII

Elstern, Elstern,
mir könnt ihr nichts stehlen:
ich gebe euch was ich habe.

XIV

Elstern, ihr seid meine Zuversicht.
Bei meinem Leichenzug
werdet ihr lachen
schack schack
als wäre ich eine Elster.

XV

Mich, meine Herren,
könnt ihr vielleicht widerlegen,
aber mehrere Elstern im Schnee
sind ein Beweis.

Windgriff

Manche Wörter
leicht
wie Pappelsamen

steigen
vom Wind gedreht
sinken

schwer zu fangen
tragen weit
wie Pappelsamen

Manche Wörter
lockern die Erde
später vielleicht

werfen sie einen Schatten
einen schmalen Schatten ab
vielleicht auch nicht

Schattenbild

Ich male den Schnee.
Ich male beharrlich
ich male lotrecht
mit einem großen Pinsel
auf diese weiße Seite
den Schnee.

Ich male die Erde.
Ich male den Schatten
der Erde, die Nacht.
Ich schlafe nicht.
Ich male
die ganze Nacht.

Der Schnee fällt
lotrecht, beharrlich
auf das, was ich male.
Ein großer Schatten
fällt
auf mein Schattenbild.

In diesen Schatten
male ich
mit dem großen Pinsel
der Nacht
beharrlich
meinen winzigen Schatten.

Schattenreich

I

Hier sehe ich noch einen Platz,
einen freien Platz,
hier im Schatten.

II

Dieser Schatten
ist nicht zu verkaufen.

III

Auch das Meer
wirft vielleicht einen Schatten,
auch die Zeit.

IV

Die Kriege der Schatten
sind Spiele:
kein Schatten
steht dem andern im Licht.

V

Wer im Schatten wohnt,
ist schwer zu töten.

VI

Für eine Weile
trete ich aus meinem Schatten,
für eine Weile.

VII
Wer das Licht sehen will
wie es ist
muß zurückweichen
in den Schatten.

VIII
Schatten
heller als diese Sonne:
kühler Schatten der Freiheit.

IX
Ganz im Schatten
verschwindet mein Schatten.

X
Im Schatten
ist immer noch Platz.

Das leere Haus

Weh über den Wasserfleck in der Küche
die verbogene Gießkanne
und den Schlitten im Keller!
Über das treue Schulheft von anno 36
über all die zerkratzten Tangoplatten
über die Schuhschachteln voller Liebesbriefe
wehe! wehe! wehe!

Alles steht still

Eine riesige Rückblende

Nur wenn die S-Bahn vorbeifährt
zittern die Scheiben

Tot oder lebendig
blicken wir über den Gartenzaun
aus dem Fenster

Die Kaffeekanne
mit der gesprungenen Schnaube
wartet nicht auf uns

Zwischen den Wasserstandsmeldungen
und dem Sportbericht
legt der Disc-Jockey
in meinem Kopf
eine alte Platte auf

Wir sind nicht mehr da

Einwegflasche
Donnerwort

Im Staub liegt
das Bügeleisen von damals
und verkündet
den ewigen Frieden

Bis der Bulldozer kommt

Über die Schwierigkeiten der Umerziehung

Einfach vortrefflich
all diese großen Pläne:
das Goldene Zeitalter
das Reich Gottes auf Erden
das Absterben des Staates.
Durchaus einleuchtend.

Wenn nur die Leute nicht wären!
Immer und überall stören die Leute.
Alles bringen sie durcheinander.

Wenn es um die Befreiung der Menschheit geht
laufen sie zum Friseur.
Statt begeistert hinter der Vorhut herzutrippeln
sagen sie: Jetzt wär ein Bier gut.
Statt um die gerechte Sache
kämpfen sie mit Krampfadern und mit Masern.
Im entscheidenden Augenblick
suchen sie einen Briefkasten oder ein Bett.
Kurz bevor das Millennium anbricht
kochen sie Windeln.

An den Leuten scheitert eben alles.
Mit denen ist kein Staat zu machen.
Ein Sack Flöhe ist nichts dagegen.

Kleinbürgerliches Schwanken!
Konsum-Idioten!
Überreste der Vergangenheit!

Man kann sie doch nicht alle umbringen!
Man kann doch nicht den ganzen Tag auf sie einreden!

Ja wenn die Leute nicht wären
dann sähe die Sache schon anders aus.

Ja wenn die Leute nicht wären
dann gings ruckzuck.
Ja wenn die Leute nicht wären
ja dann!
(Dann möchte auch ich hier nicht weiter stören.)

Poetik-Vorlesung

Wenn dann am Mittwoch dieser Krawall kommt,
das klirrende Blech knallt im Gestank,
die Kübel gegen den Dreckkessel donnern,
zack! das frißt und mahlt alles was abfällt

zu Staub! Dieses Gefühl, wenn sie wieder da
waren! Dieser Neid! Diese Dankbarkeit!
Diese Leere! Freude und Wohlgefallen!

Dann betrachte ich meinen Tisch, meine Hand:
keine Asche mehr, keine Kartoffelschalen.

Eine bessere Welt, für zehn Minuten.
So vermessen wäre ich auch gern, so nützlich,
so rücksichtslos hilfreich wie die Müllabfuhr.

Vorschlag zur Strafrechtsreform

Wegen staatsgefährdender Störung in Tateinheit mit
schwerem Forstwiderstand wird bestraft

wer Gegenstände zur Verschönerung öffentlicher Wege
böswillig verschleiert
wer eine Frau zur Gestattung des Beischlafs verleitet oder
einen andern Irrtum in ihr erregt
wer die Überwachung von Fernmeldeanlagen stört
wer vorsätzlich Süßstoff herstellt

wer den Gebrauch gewisser Beteuerungsformeln unterläßt
wer ohne Erlaubnis der zuständigen Behörde an Syphilis
gelitten hat
wer auf einer Wasserstraße Gegenstände hinlegt
wer länger als drei volle Kalendertage abwesend ist

wer auf einem Eisenbahnhofe mittels Abschneidens ein
wichtiges Glied einer Amtsperson verringert
wer es unternimmt Luftfahrer auszubilden
wer Witwenkassen errichtet
wer Orden in verkleinerter Form trägt

wer nach gewissenhafter Prüfung die Obrigkeit
verächtlich macht
wer an einer Zusammenrottung teilnimmt
wer von den Reisewegen abweicht
wer eine Tatsache behauptet

wer ein männliches Tier zur Besamung verwendet
wer sich kein Unterkommen verschafft hat
wer Befehle böswillig abreißt
wer die Schlagkraft gefährdet

wer ein Zeichen der Hoheit beschädigt
wer sich dem Müßiggang hingibt
wer Einrichtungen beschimpft
wer seine Richtung ändern will

wer sich mit Wort und Tat auflehnt
wer einen Haufen bildet
wer Widerstand leistet
wer sich nicht unverzüglich entfernt

wer ohne Vorwissen der Behörde oder seines Vorteils wegen oder vorsätzlich oder als Landstreicher oder um unzüchtigen Verkehr herbeizuführen oder mittelst arglistiger Verschweigung oder gegen Entgelt oder wissentlich oder durch Drohung mit einem empfindlichen Übel oder gröblich oder grobfahrlässig oder fahrlässig oder böswillig oder ungebührlicherweise oder auf Grund von Rechtsvorschriften oder ganz oder teilweise oder an besuchten Orten oder unter Benutzung des Leichtsinns oder nach sorgfältiger Abwägung oder mit gemeiner Gefahr oder durch Verbreitung von Schallaufnahmen oder auf die vorbezeichnete Weise oder unbefugt oder öffentlich oder durch Machenschaften oder vor einer Menschenmenge oder in einer Sitte und Anstand verletzenden Weise oder in der Absicht den Bestand der Bundesrepublik Deutschland zu beeinträchtigen oder mutwillig oder nach der dritten Aufforderung oder als Rädelsführer oder Hintermann oder in der Absicht Aufzüge zu sprengen oder wider besseres Wissen oder mit vereinten Kräften oder zur Befriedigung des Geschlechtstriebs oder als Deutscher oder auf andere Weise

eine Handlung herbeiführt oder abwendet
oder vornimmt oder unterläßt
oder verursacht oder erschwert

oder betreibt oder verhindert
oder unternimmt oder verübt oder bewirkt oder begeht
oder befördert *oder* beeinträchtigt
oder befördert *und* beeinträchtigt
oder befördert *und nicht* beeinträchtigt
oder beeinträchtigt *und nicht* befördert
oder *weder* befördert *noch* beeinträchtigt.

Das Nähere regelt die Bundesregierung.

Lied von denen auf die alles zutrifft und die alles schon wissen

Daß etwas getan werden muß und zwar sofort
das wissen wir schon
daß es aber noch zu früh ist um etwas zu tun
daß es aber zu spät ist um noch etwas zu tun
das wissen wir schon

und daß es uns gut geht
und daß es so weiter geht
und daß es keinen Zweck hat
das wissen wir schon

und daß wir schuld sind
und daß wir nichts dafür können daß wir schuld sind
und daß wir daran schuld sind daß wir nichts dafür können
und daß es uns reicht
das wissen wir schon

und daß es vielleicht besser wäre die Fresse zu halten
und daß wir die Fresse nicht halten werden
das wissen wir schon
das wissen wir schon

und daß wir niemand helfen können
und daß uns niemand helfen kann
das wissen wir schon

und daß wir begabt sind
und daß wir die Wahl haben zwischen nichts und wieder nichts
und daß wir dieses Problem gründlich analysieren müssen
und daß wir zwei Stück Zucker in den Tee tun
das wissen wir schon

und daß wir gegen die Unterdrückung sind
und daß die Zigaretten teurer werden
das wissen wir schon

und daß wir es jedesmal kommen sehen
und daß wir jedesmal recht behalten werden
und daß daraus nichts folgt
das wissen wir schon

und daß das alles wahr ist
das wissen wir schon

und daß das alles gelogen ist
das wissen wir schon

und daß das alles ist
das wissen wir schon

und daß Überstehn nicht alles ist sondern gar nichts
das wissen wir schon

und daß wir es überstehn
das wissen wir schon

und daß das alles nicht neu ist
und daß das Leben schön ist
das wissen wir schon
das wissen wir schon
das wissen wir schon

und daß wir das schon wissen
das wissen wir schon

Die Scheiße

Immerzu höre ich von ihr reden
als wär sie an allem schuld.
Seht nur, wie sanft und bescheiden
sie unter uns Platz nimmt!
Warum besudeln wir denn
ihren guten Namen
und leihen ihn
dem Präsidenten der USA,
den Bullen, dem Krieg
und dem Kapitalismus?

Wie vergänglich sie ist,
und das was wir nach ihr nennen
wie dauerhaft!
Sie, die Nachgiebige,
führen wir auf der Zunge
und meinen die Ausbeuter.
Sie, die wir ausgedrückt haben,
soll nun auch noch ausdrücken
unsere Wut?

Hat sie uns nicht erleichtert?
Von weicher Beschaffenheit
und eigentümlich gewaltlos
ist sie von allen Werken des Menschen
vermutlich das friedlichste.
Was hat sie uns nur getan?

Die Macht der Gewohnheit

Gewohnheit macht den Fehler schön.
Christian Fürchtegott Gellert.

I

Gewöhnliche Menschen haben für gewöhnlich
für gewöhnliche Menschen nichts übrig.
Und umgekehrt.
Gewöhnliche Menschen finden es ungewöhnlich,
daß man sie ungewöhnlich findet.
Schon sind sie keine gewöhnlichen Menschen mehr.
Und umgekehrt.

II

Daß man sich an alles gewöhnt,
daran gewöhnt man sich.
Man nennt das gewöhnlich
einen Lernprozeß.

III

Es ist schmerzlich,
wenn der gewohnte Schmerz ausbleibt.
Wie müde ist das aufgeweckte Gemüt
seiner Aufgewecktheit!
Der einfache Mensch da z. B. findet es schwierig,
ein einfacher Mensch zu sein,
während jene komplexe Persönlichkeit
ihre Schwierigkeiten herleiert
wie die Betschwester den Rosenkranz.
Überall diese ewigen Anfänger,
die längst am Ende sind.
Auch der Haß ist eine liebe Gewohnheit.

IV

Das noch nie Dagewesene
sind wir gewohnt.
Das noch nie Dagewesene
ist ein Gewohnheitsrecht.
Ein Gewohnheitstier
trifft an der gewohnten Ecke
einen Gewohnheitsverbrecher.
Eine unerhörte Begebenheit.
Die gewöhnliche Scheiße.
Die Klassiker waren gewöhnt,
Novellen daraus zu machen.

V

Sanft ruhet die Gewohnheit der Macht
auf der Macht der Gewohnheit.

Hommage à Gödel

Münchhausens Theorem, Pferd, Sumpf und Schopf,
ist bezaubernd, aber vergiß nicht:
Münchhausen war ein Lügner.

Gödels Theorem wirkt auf den ersten Blick
etwas unscheinbar, doch bedenk:
Gödel hat recht.

»In jedem genügend reichhaltigen System
lassen sich Sätze formulieren,
die innerhalb des Systems
weder beweis- noch widerlegbar sind,
es sei denn das System
wäre selber inkonsistent.«

Du kannst deine eigene Sprache
in deiner eigenen Sprache beschreiben:
aber nicht ganz.
Du kannst dein eignes Gehirn
mit deinem eignen Gehirn erforschen:
aber nicht ganz.
Usw.

Um sich zu rechtfertigen
muß jedes denkbare System
sich transzendieren,
d.h. zerstören.

»Genügend reichhaltig« oder nicht:
Widerspruchsfreiheit
ist eine Mangelerscheinung
oder ein Widerspruch.

(Gewißheit = Inkonsistenz.)

Jeder denkbare Reiter,
also auch Münchhausen,
also auch du bist ein Subsystem
eines genügend reichhaltigen Sumpfes.

Und ein Subsystem dieses Subsystems
ist der eigene Schopf,
dieses Hebezeug
für Reformisten und Lügner.

In jedem genügend reichhaltigen System,
also auch in diesem Sumpf hier,
lassen sich Sätze formulieren,
die innerhalb des Systems
weder beweis- noch widerlegbar sind.

Diese Sätze nimm in die Hand
    und zieh!

Das Blumenfest

Ich schenke Blumen.
Ich streue Blumensamen aus.
Ich pflanze Blumen.
Ich sammle Blumen.
Ich pflücke Blumen.
Ich pflücke verschiedene Blumen.
Ich raufe sie aus.
Ich zerreiße Blumen.
Ich zerstöre sie.
Ich knüpfe Blumen.
Ich binde Blumen.
Ich mache Blumen.
Ich erfinde Blumen.
Ich hole sie aus der Luft.
Ich mache es so, daß aus den Blumen Sträuße werden,
ungleiche, runde Sträuße, immer größer und größer.

Ich mache eine Girlande aus Blumen, ein Laken, einen
Strauß, ein Bett aus Blumen, eine Hand.
Ich knüpfe sie.
Ich binde sie.
Ich versehe sie mit Gras.
Ich versehe sie mit Blättern.
Ich mache eine Schlange aus Blumen.
Ich rieche etwas.
Ich rieche sie.
Ich sorge dafür, daß einer Blumen riecht.
Ich schenke einem Blumen.
Ich schenke ihm Blumen.
Ich versehe einen mit Blumen.
Ich versehe ihn mit einer Schlange, mit einer Kette aus
Blumen.

Ich versehe ihn mit einer Blumenkette.
Ich lege ihm eine Girlande um.
Ich versehe ihn mit einer Girlande aus Blumen.

Einführung in die Handelskorrespondenz

Mit freundlichen Grüßen
Mit grämlichem Hüsteln
Mit christlichem Frösteln
Mit fiesen Grimassen
Mit geilen Finessen
Mit feistem Gewinsel
Mit schwülem Gefasel
Mit schweißigen Nüstern
Mit heiserem Schmatzen
Mit schleimigem Kitzeln
Mit lüsternen Fratzen
Mit fleischigen Küssen
Mit schäumenden Fisteln
Mit freudigem Geifern
Mit scheußlichen Fotzen
Mit fröhlichem Knirschen
Mit kreischenden Flüchen
Mit freundlichen Grüßen

Das Einverständnis

Der Mann, der es gut meint, ist unter uns.
Er bemüht sich. Alle sind wütend,
wütend auf ihn. Er ist einverstanden
mit den Wütenden, völlig einverstanden.
Aber das ist es ja eben. Also gut,
wenn es nicht anders geht, sagen wir,
sei mit uns einverstanden,
aber bitte nicht restlos, bitte nicht
jedesmal, bitte nicht augenblicklich.

Der Mann, der es gut meint, zögert
einen Moment und sagt: Ihr habt recht.
Entschuldigt, sagt er, ich habe gezögert.
Das war vielleicht falsch. Er bittet uns
um Verständnis. Er macht uns wahnsinnig.
Er sieht ein, daß er es ist,
der uns wahnsinnig macht. Hau ab,
sagen wir. Unter der Tür bleibt er stehen
und keucht: Ich bin einverstanden.

Die Männer mit den hellen Hüten

Ein Chanson für Ingrid Caven

Es sind die Männer mit den hellen Hüten
da draußen im Regen,
vier Männer, die sich fast nicht bewegen.
Es sind die Tüten mit dem weißen Pulver im Klo.
Du sagst, es ist Gips, doch es schmeckt nicht so.
Es sind die Geräusche nachts vor der Tür.
Du zuckst die Achseln, du kannst nichts dafür.
Du weißt ganz genau, daß mich das bedrückt.
Es macht mich verrückt! Es macht mich verrückt!

Diese vier Männer mit den hellen Hüten,
was werden sie mit uns machen?
Ich höre sie draußen rascheln und lachen.
Wo sind die Dollarnoten in der Matratze her?
Warum riechst du so komisch? Warum ißt du nichts mehr?
Du zuckst die Achseln, du machst dir nichts draus,
aber ich, ich halte das nicht mehr aus.
Es ist, als ob mir einer den Hals zudrückt.
Schau mich nicht so an! Ich bin nicht verrückt!

Ich kenne die Männer mit den hellen Hüten.
Sie rauchen und warten,
sie husten im Korridor und spielen Karten.
Ich weiß, daß du diese vier Männer kennst.
Ich weiß, was du heimlich im Keller verbrennst.
Du zuckst die Achseln. Merkst du es nicht,
wie plötzlich draußen der Tag anbricht,
und wie laut auf einmal der Wecker tickt!
Ich bin nicht verrückt! Ich bin nicht verrückt!

Giovanni de' Dondi (1318-1389)

Giovanni de' Dondi aus Padua
verbrachte sein Leben
mit dem Bau einer Uhr.

Einer Uhr ohne Vorbild, unübertroffen
vierhundert Jahre lang.
Das Gangwerk mehrfach,
elliptische Zahnräder,
verbunden durch Gelenkgetriebe,
und die erste Spindelhemmung:
eine unerhörte Konstruktion.

Sieben Zifferblätter
zeigen den Zustand des Himmels an
und die stummen Revolutionen
aller Planeten.
Ein achtes Blatt,
das unscheinbarste,
wies die Stunde, den Tag und das Jahr:
A.D. 1346.

Geschmiedet mit eigener Hand:
eine Himmelsmaschine,
zwecklos und sinnreich wie die *Trionfi*,
eine Uhr aus Wörtern,
erbaut von Francesco Petrarca.

Aber wozu vergeudet ihr eure Zeit
mit meinem Manuskript,
wenn ihr nicht fähig seid,
es mir nachzutun?

Dauer des Tageslichts,
Knoten der Mondbahn,
bewegliche Feste.
Ein Rechenwerk, und zugleich
der Himmel noch einmal.
Aus Messing, aus Messing.
Unter diesem Himmel
leben wir immer noch.

Die Leute von Padua
sahen nicht auf die Uhr.
Ein Putsch folgte dem andern.
Pestkarren rollten über das Pflaster.
Die Bankiers
stellten ihre Positionen glatt.
Es gab wenig zu essen.

Der Ursprung jener Maschine
ist problematisch.
Ein Analog-Computer.
Ein Menhir. Ein Astrarium.
Trionfi del tempo. Überbleibsel.
Zwecklos und sinnreich
wie ein Gedicht aus Messing.

Nicht Guggenheim sandte
Francesco Petrarca Schecks
zum Ersten des Monats.
De' Dondi hatte keinen Kontrakt
mit dem Pentagon.

Andere Raubtiere. Andere
Wörter und Räder. Aber
derselbe Himmel.
In diesem Mittelalter
leben wir immer noch.

Niccolò Machiavelli (1469-1527)

Niccolò Niccolò fünfhundertjähriger Bruder
diesen Kranz aus dürren Worten drück ich dir auf den
harten Schädel

Unter uns gesagt haben wir allen Grund dich zu bewundern
dürr und kleinkariert und zerfressen von Theorien

Niccolò Meister des kriechenden Ganges
ewig gekränkter Staatsdiener einer schäbigen Republik

Generalstäbler, Botschafter, *Herrlichkeit*, Polizist
immer zu schlecht bezahlt für deinen Geschmack eines
Parvenus

Vorbild aller Geschichtsschreiber *(Ob ich, ohne allzusehr
anzustoßen,*
diese Begebenheiten herausstreichen oder herabsetzen darf)

So wie einst du wühlen sie heute noch in dreckigen Schubladen
vollgestopft mit zerbrochenen Zinnsoldaten und schimmligen
Herzögen

Als kleiner Krautjunker frißt du nun *Feigen und Bohnen
und Dörrfleisch,*
den Maden abgejagt, und bist beschäftigt mit Gallensteinen
und Holzverkauf

Und was deine Weiber betrifft, so hast du sie wie Schnepfen
gerupft
am Samstagabend, und sie erschienen deinem Maklergehirn
wie *bewegliche Sachen*

In meinem Mauseloch, wo ich keine Seele finde, die sich meiner treuen Dienste
erinnert, streite ich mich um zehn Lire Spielschulden herum

Keine Angst, Niccolò, wir wissen deine Verdienste zu schätzen
und wir erinnern uns deiner großen Zeiten

Zum Beispiel anno 1502 in Pistoia, wer riet wohl damals dem Chef:
Die Städte ausradieren, die Erde verbrennen, die Einwohner deportieren?

Und wer da Widerstand leistete, ans Wippseil mit ihm, an den Galgen?
Denn einige wenige abschreckende Strafen sind milder als übertriebene Langmut

Das war ein gutes Jahr für Mr Borgia, *unübertroffen glänzend und groß,*
für seinen Ghostwriter Niccolò und für die First National City Bank of Florence

Zehn Jahre später die Katastrophe, Undank der Welt Lohn,
Pensionierung mit dreiundvierzig, ein ranziges Landgut

Tränen des Selbstmitleids: *Denn nirgends froher*
erhebt sein Haupt der Undank als in des Volkes Herzen

Unverstanden wie jedes bessere Genie, Feldherr
auf einem Maulwurfshügel, Hausierer mit ewigen Wahrheiten:

Dies ist der Kreislauf in dem sich alle Staatsgebilde der Welt gedreht haben, drehen und immerdar drehen werden

Beweis: die Geschichte, dein Selbstportrait, ein Rattenkönig
von Plünderungen, Meineiden und irren Intrigen

Nach des Tages Last werfe ich den schmutzigen
Bauernkittel ab,
lege prächtige Hofgewänder an und begebe mich in die
Säulenhalle der Alten

Und abends die lyrische Seele: Bettlersonette an den
Gangster vom Dienst
Was ein rechter Renaissancemensch ist, das krümmt sich
beizeiten

Niccolò Niccolò höchste Blüte Europas, vollgestopft
mit Staatsraison bis zum Hals und einem fabelhaften
Gewissen

Du hast deine Leser durchschaut, Napoleon, Franco, Stalin
und mich,
deine dankbaren Schüler, und dafür verdienst du Lob:

Für deine kahlen steinernen Sätze, für deinen Mut zur
Feigheit,
deine tiefsinnige Banalität, und deine Neue Wissenschaft

Niccolò, Schuft, Dichter, Opportunist, Klassiker, Henker:
du bist der Alte Mensch wie er im Buche steht, und dafür
lob ich dein Buch

Bruder Niccolò, das vergeß ich dir nicht, und daß deine Lügen
so oft die Wahrheit sagen, dafür verfluche ich deine krumme
Hand.

Jacques de Vaucanson (1709-1782)

Das Publikum war exquisit. Ein Knistern
ging durch die seidenen Toiletten: Phantastisch!
Ein Chef-d'œuvre: die mechanische Ente.
Auch Diderot war begeistert. Der Automat
watschelte, planschte im Wasser:
Welche Delikatesse in allen Teilen!

Die Flügel glitzerten in der Sonne,
zwei mal vierhundert bewegliche Teile.
Ein metallisches Flirren, ein Schnattern
aus Stahl und Lack. Der Künstler errötet.
Bescheiden, reizend, ein wenig linkisch.

Aber *je größer und komplexer eine Maschine,*
desto mehr Verbindungen finden statt
zwischen ihren einzelnen Teilen;
je weniger man diese Verbindungen kennt,
desto mehrdeutiger wird unser Urteil sein.

Bravo! Der Kardinal de Fleury umarmt nach der Vernissage
den Erfinder, und flugs beruft er ihn an die Spitze
der Seidenmanufaktur zu Lyon.
Welcher Fall tritt also ein, wenn die Maschine
in jeder Hinsicht unendlich ist?

Sonderbar, wie sich der neue Inspekteur
einschließt. Fragt niemand, zeichnet fieberhaft.
Der Traum der Vernunft gebiert Ungeheuer:
Maschinen zum Bau von Maschinen.
Der automatische Webstuhl, angetrieben
von einem einzigen Wasserrad (oberschlächtig)
über endlose Ketten. *Vollkommenheit, Ökonomie.*

Der geglättete Eisendraht, geschnitten
in immergleiche Stücke, und immer gleich
an jedem Ende gebogen zu gleichen Gliedern;
ein Haken, immer gleich, nimmt den Draht auf,
der das nächste Glied zu bilden bestimmt ist.

Von der Haspelei bis zum Walkwerk
ein integrierter industrieller Komplex,
gut ausgeleuchtet, voll klimatisiert:
ein Entwurf von unerhörter Eleganz.
(Zwischen Rendite und Ingenium
finden gewisse Verbindungen statt.)

Von nun an bringen die Arbeiter von Lyon
jede wache Stunde ihres Lebens
in einem riesigen Spielzeug zu,
in dem sie gefangen sind: *dergestalt,*
daß ein jeder fortwährend den immer gleichen
einfachen Handgriff ausführt,
und zwar immer besser und rascher.

Welcher Fall tritt also ein,
wenn die Weber sich wehren?
Zerbrecht das Haspelwerk!
Steinigt den Blutsauger!

Dem aufsässigen Pöbel zur Strafe
konstruierte er einen Esel,
welcher ein geblümtes Zeuch webte.
Und so fort. *(Wer aber den Menschen*
das Licht der Aufklärung bringt,
der muß gefaßt sein auf Nachstellungen.)

Dann Jacquard. Jacquard war der Nächste
mit seinen Lochkarten. Fortschritte,

Barrikaden. *Die Blutbäder*
waren unvermeidlich.

Auch die Ente wurde verbessert:
Schließlich pickte sie Körner auf,
verdaute sie sorgfältig, und *der Gestank,*
der sich jetzt im Raume verbreitet,
ist unerträglich. Wir möchten dem Künstler
die Freude ausdrücken, die seine zauberhafte
Erfindung uns allen bereitet hat.

Michail Aleksandrovič Bakunin (1814-1876)

Ich wünschte nur eines, rief er, *das Gefühl der Empörung,*
das mir heilig ist, bis an mein Ende ganz und voll zu bewahren! –
Marktschreier, Dickkopf, verdammter Kosak! – Das ist die Liebe
zum Phantastischen, ein Hauptfehler meiner Natur. – Mohammed
ohne Koran! – Die Ruhe bringt mich zur Verzweiflung. – Ein Gaukler,
ein Papst, ein Ignoramus! – Sein Herz und sein Kopf sind aus Feuer.

Ja, Bakunin, so muß es gewesen sein. Ein ewiges Nomadisieren,
närrisch und selbstvergessen. Unerträglich, unvernünftig, unmöglich
warst du! Meinetwegen, Bakunin, kehr wieder, oder bleib wo du bist.

Eine lange Gestalt in blauem Frack auf den Dresdener Barrikaden,
mit einem Gesicht, darin sich die roheste Wuth ausdrückte. Feuer
ans Opernhaus! Und als alles verloren war, *verlangte er, in der Hand*
die Pistole, von der Provisorischen Revolutions-Regierung,
sie möge sich (und ihn) in die Luft sprengen. (Merkwürdige Kaltblütigkeit.)
Mit großer Mehrheit lehnten die Herren den Antrag ab.

Erinnerst du dich, Bakunin? Immer dasselbe. Natürlich hast du gestört.

Kein Wunder! Und du störst heute noch. Verstehst du?
Du störst
ganz einfach. Und darum bitte ich dich, Bakunin: kehr
wieder.

Verhört, an die Wand geschmiedet in den Olmützer
Kasematten,
zum Tod verurteilt, nach Rußland verschleppt, *begnadigt
zu ewigem Kerker:*
ein höchst gefährlicher Mensch! In seine Zelle läßt ihm
ein Gönner
einen Flügel von Lichtenthal bringen. Die Zähne fallen
ihm aus.

Für seine Oper *Prometheus* erfindet er *eine süße, klagende
Melodie,*
zu deren Takt er in kindlicher Weise sein Löwenhaupt wiegte.

Ach, Bakunin, das sieht dir ähnlich. (*Sein Löwenhaupt
wiegte:*
noch zwanzig Jahre danach, in Locarno.) Und weil es dir
ähnlich sieht,
und weil du uns doch nicht helfen kannst, Bakunin, bleib
wo du bist.

Verbannt nach Sibirien, und den eisblauen Amur entlang
geflohen
über das Stille Meer, auf Dampfseglern, Schlitten, Pferden,
Expreßzügen, quer durch das wüste Amerika, sechs Monate
lang
ohne Aufenthalt, endlich, in Paddington, kurz vor Neujahr,
aus dem Hansom gestürzt, die Treppe hinauf, in Herzens
Arme
warf er sich und rief aus: *Wo gibt es hier frische Austern?*

Weil du, mit einem Wort, unfähig bist, Bakunin, weil du nicht taugst
zum Abziehbild zum Erlöser zum Bürokraten zum Kirchenvater
zum rechten oder zum linken Bullen, Bakunin: kehr wieder, kehr wieder!

Zurück im Exil. *Nicht nur das Grollen des Aufruhrs, der Lärm der Clubs,*
der Tumult auf den Plätzen; auch die Bewegtheit des Vorabends,
auch die Absprachen, Chiffren, Losungen machten ihn glücklich.
Großer Obdachloser, verfolgt von den Gerüchten, Legenden, Verleumdungen!
Magnetisches Herz, naiv und verschwenderisch! *Er schimpfte und schrie,*
ermunterte und entschied, den ganzen Tag und die ganze Nacht.

Nicht wahr? Und weil deine *Tätigkeit,* dein *Müßiggang,* dein *Appetit,*
dein *ewiges Schwitzen sowenig von menschlichem Ausmaß* sind
wie du selber, darum rate ich dir, Bakunin, bleib wo du bist.

Sein Biograph, der Allwissende, sagt: Er war impotent. Aber Tatjana,
die kleine verbotene Schwester, Harfe spielend im weißen Herrenhaus,
machte ihn rasend. Zwar seine drei Kinder sind nicht von ihm.
Doch Nečaev, dem Mythomanen, dem Mörder, dem Jesuiten, Erpresser

und Märtyrer der Revolution, schrieb er: *Mein kleiner Tiger, mein Boy,*
mein wilder Liebling! (Der Despotismus der Erleuchteten ist der ärgste.)

Ach, schweigen wir von der Liebe, Bakunin. Sterben wolltest du nicht.
Du warst kein politökonomischer Todesengel. Du warst verworren
wie wir, und arglos. Kehr wieder, Bakunin! Bakunin, kehr wieder.

Endlich die Nacht in Bologna. Es war im August. Er stand am Fenster.
Er lauschte. Nichts regte sich in der Stadt. Die Turmuhren schlugen.
Die Insurrektion war gescheitert. Es wurde hell. In einem Heuwagen
versteckte er sich. Den Bart abrasiert, im Habit eines Pfarrers,
ein Körbchen Eier im Arm, mit grüner Brille, am Stock zum Bahnhof
ist er gehumpelt, um in der Schweiz zu sterben, im Bett.

Das ist jetzt schon lange her. Es war damals wohl zu früh, wie immer,
oder zu spät. Nichts hat dich widerlegt, nichts hast du bewiesen,
und darum bleib, bleib wo du bist, oder, meinetwegen, kehr wieder.

Enorme Fleisch- und Fettmassen, Wassersucht, Blasenleiden.
Polternd lacht er, raucht unablässig, keucht, vom Asthma gehetzt,
verschlüsselte Telegramme liest er und schreibt mit sympathetischer Tinte:

Ausbeuten und Regieren: ein- und dasselbe. Er ist aufgedunsen und zahnlos.
Alles bedeckt sich mit Tabaksasche, Teelöffeln, Zeitungen. Vor dem Haus
tänzeln die Spitzel. Überall Wirrwarr und Schmutz. Die Zeit verrinnt.

Nach Polizei riecht Europa immer noch. Darum, und weil es nie und nirgends,
Bakunin, ein Bakunin-Denkmal gegeben hat, gibt oder geben wird,
Bakunin, bitte ich dich: kehr wieder, kehr wieder, kehr wieder.

Ernesto Guevara de la Serna (1928-1967)

Eine Zeitlang trugen Tausende auf dem Kopf seine kleine
Mütze,
und Abertausende vor sich her von seinen Abbildungen
große Abbildungen, und riefen seinen Namen sehr laut aus.
Unwirklich scheinen jene Züge quer durch die City jetzt fast
wie das Land und die Klasse, in die er geboren war.

Fern der Schlachthöfe und der Baracken und der Bordelle
bröckelte die Villa des Vaters am Fluß. Das Geld war
verdunstet,
doch der Swimming-Pool wurde gehalten. Ein scheues Kind,
allergisch, oft dem Ersticken nah. Kämpfte mit seinem Körper,
rauchte Zigarren, wurde (was immer das sein mag) ein Mann.

Unter dem Kopfkissen lag Jules Verne. Sein erster Angriff,
seine erste Flucht in die Wirklichkeit: Traurige Tropen.
Doch die Aussätzigen unter der morschen Veranda am
Amazonas
verstanden nicht, was er sagte, und starben weiter. Dann
erst
fand er den Feind, der ihm treu bis ans Ende blieb

und den Feind des Feindes. Wenige Siege später erschien ihm
der Neue Mensch, eine alte Idee, sehr neu. Doch die Ökonomie
hörte seinen Reden nicht zu. Es fehlten immer Spaghetti.
Auch war keine Zahnkrem mehr da, und woraus wird
Zahnkrem gemacht?
Die Banknoten, die er unterschrieb, galten nichts.

Der Zucker klebte im Hemd. Maschinen, mit harter
Währung bezahlt,
verrotteten an den Kais. Von Gerüchten summte La Rampa.

Kratzfüße in Moskau, neue Kredite. Das Volk stand Schlange,
war unzuverlässig, riß hungrige Witze. Überall Spitzel,
Intrigen, die er niemals begriff. Ein ewiger Ausländer.

Wollte den Russen moralisch kommen. Der Menschenfreund
schrie nach dem *Haß, der den Menschen in eine gewaltsame,*
effektive, kalte Tötungsmaschine verwandeln soll. Eigentlich
eine Mimose: am liebsten las er Gedichte. (Baudelaire kannte
er auswendig.) Ein zarter Versager, Fraß für Geheimdienste.

So floh er zu den Waffen und blieb dort, wo alles klar war
und deutlich: Feind Feind und Verrat Verrat, im Dschungel.
Nur er selber schien ausgelöscht. *Rundlich, bartlos, die Schläfen grau,*
dicke Brillengläser, wie ein Vertreter, im Duffle-coat, derart
vermummt in Ñancahuazú ging er an seine letzte Arbeit.

Sprach kein Quechua, kein Guaraní. *Das Schweigen der Indios*
war absolut, als kämen wir aus einer andern Welt. Insekten,
Schlingpflanzen, Unterholz. *Die Bauern wie Steine.* Koliken,
Hustenanfälle, Ödeme. Überdosen von Cortison. Adrenalin.
Keuchend die letzte Spritze: *Ave María purísima!*

Schon *breitete sich die Legende aus wie ein Schaum. Supermen*
sind wir bereits, unbesiegbar. (Immer diese tödliche Ironie,
unbemerkt von den Genossen.) *Ein menschliches Wrack,* ein Idol.
Wir hätten ihn angestellt, annoncierten unter seinen Todfeinden
die fortschrittlichsten. Statt dessen stellten sie seine Leiche aus

mit abgeschnittenen Händen. *Ein mystisches Abenteuer,* und
eine Passion, die unwiderstehlich an das Bild Christi erinnert:

das schrieben die Anhänger. Er: *Les honneurs, ça m'emmerde.* Es ist nicht lange her, und vergessen. Nur die Historiker nisten sich ein wie die Motten ins Tuch seiner Uniform.

Löcher im Volkskrieg. Sonst in der Metropole spricht von ihm nur noch eine Boutique, die seinen Namen gestohlen hat. An der Kensington High Street glimmen die Räucherstäbchen; neben der Ladenkasse sitzen die letzten Hippies, verdrossen, unwirklich, wie Fossile, und fraglos, und fast unsterblich.

Der Text bricht ab, und ruhig rotten die Antworten fort.

Apokalypse. Umbrisch, etwa 1490

Er ist nicht mehr der Jüngste, er seufzt,
er holt eine große Leinwand hervor, er grübelt,
verhandelt lang und zäh mit dem Besteller,
einem geizigen Karmeliter aus den Abruzzen,
Prior oder Kapitular. Schon wird es Winter,
die Fingergelenke knacken, das Reisig
knackt im Kamin. Er seufzt, grundiert,
läßt trocknen, grundiert ein andermal,
kritzelt, ungeduldig, auf kleine Kartons
seine Figuren, schemenhaft, hebt sie mit Deckweiß.
Er zaudert, reibt Farben an, vertrödelt
mehrere Wochen. Dann, eines Tages, es ist
unterdessen Aschermittwoch geworden
oder Maria Lichtmeß, taucht er, in aller Frühe,
den Pinsel in die gebrannte Umbra und malt:
Das wird ein dunkles Bild. Wie fängt man es an,
den Weltuntergang zu malen? Die Feuersbrünste,
die entflohenen Inseln, die Blitze, die sonderbar
allmählich einstürzenden Mauern, Zinnen und Türme:
technische Fragen, Kompositionsprobleme.
Die ganze Welt zu zerstören macht viel Arbeit.
Besonders schwer sind die Geräusche zu malen,
das Zerreißen des Vorhangs im Tempel,
die brüllenden Tiere, der Donner. Alles
soll nämlich zerreißen, zerrissen werden,
nur nicht die Leinwand. Und der Termin
steht fest: Allerspätestens Allerseelen.
Bis dahin muß, im Hintergrund, das wütende Meer
lasiert werden, tausendfach, mit grünen,
schaumigen Lichtern, durchbohrt von Masten,
lotrecht in die Tiefe schießenden Schiffen,
Wracks, während draußen, mitten im Juli,

kein Hund sich regt auf dem staubigen Platz.
Der Maler ist ganz allein in der Stadt geblieben,
verlassen von Frauen, Schülern, Gesinde.
Müde scheint er, wer hätte das gedacht,
sterbensmüde. Alles ist ocker, schattenlos,
steht starr da, hält still in einer Art
böser Ewigkeit; nur das Bild nicht. Das Bild
nimmt zu, verdunkelt sich langsam, füllt sich
mit Schatten, stahlblau, erdgrau, trübviolett,
caput mortuum; füllt sich mit Teufeln, Reitern,
Gemetzeln; bis daß der Weltuntergang
glücklich vollendet ist, und der Maler
erleichtert, für einen kurzen Augenblick;
unsinnig heiter, wie ein Kind,
als wär ihm das Leben geschenkt,
lädt er, noch für den selben Abend,
Frauen, Kinder, Freunde und Feinde
zum Wein, zu frischen Trüffeln und Bekassinen,
während draußen der erste Herbstregen rauscht.

Abendmahl. Venezianisch, 16. Jahrhundert

I

Als ich mein *Letztes Abendmahl* beendet hatte,
fünfeinhalb mal knapp dreizehn Meter,
eine Heidenarbeit, aber ganz gut bezahlt,
kamen die üblichen Fragen.
Was haben diese Ausländer zu bedeuten
mit ihren Hellebarden? Wie Ketzer
sind sie gekleidet, oder wie Deutsche.
Finden Sie es wohl schicklich,
dem Heiligen Lukas
einen Zahnstocher in die Hand zu geben?
Wer hat Sie dazu angestiftet,
Mohren, Säufer und Clowns
an den Tisch Unseres Herrn zu laden?
Was soll dieser Zwerg mit dem Papagei,
was soll der schnüffelnde Hund,
und warum blutet der Mameluck aus der Nase?
Meine Herren, sprach ich, dies alles
habe ich frei erfunden zu meinem Vergnügen.
Aber die Sieben Richter der Heiligen Inquisition
raschelten mit ihren roten Roben
und murmelten: Überzeugt uns nicht.

II

Oh, ich habe bessere Bilder gemalt;
aber jener Himmel zeigt Farben,
die ihr auf keinem Himmel findet,
der nicht von mir gemalt ist;
und es gefallen mir diese Köche
mit ihren riesigen Metzgersmessern,
diese Leute mit Diademen, mit Reiherbüschen,
pelzverbrämten, gezaddelten Hauben

und perlenbestickten Turbanen;
auch jene Vermummten gehören dazu,
die auf die entferntesten Dächer
meiner Alabaster-Paläste geklettert sind
und sich über die höchsten Brüstungen beugen.
Wonach sie Ausschau halten,
das weiß ich nicht. Aber weder euch
noch den Heiligen schenken sie einen Blick.

III
Wie oft soll ich es euch noch sagen!
Es gibt keine Kunst ohne das Vergnügen.
Das gilt auch für die endlosen Kreuzigungen,
Sintfluten und Bethlehemitischen Kindermorde,
die ihr, ich weiß nicht warum,
bei mir bestellt.
Als die Seufzer der Kritiker,
die Spitzfindigkeiten der Inquisitoren
und die Schnüffeleien der Schriftgelehrten
mir endlich zu dumm wurden,
taufte ich das *Letzte Abendmahl* um
und nannte es
    Ein Dîner bei Herrn Levi.

IV
Wir werden ja sehen, wer den längeren Atem hat.
Zum Beispiel meine *Heilige Anna selbdritt.*
Kein sehr amüsantes Sujet.
Doch unter den Thron,
auf den herrlich gemusterten Marmorboden
in Sandrosa, Schwarz und Malachit,
malte ich, um das Ganze zu retten,
eine Suppenschildkröte mit rollenden Augen,
zierlichen Füßen und einem Panzer
aus halb durchsichtigem Schildpatt:

eine wunderbare Idee.
Wie ein riesiger, kunstvoll gewölbter Kamm,
topasfarben, glühte sie in der Sonne.

v
Als ich sie kriechen sah,
fielen mir meine Feinde ein.
Ich hörte das Gebrabbel der Galeristen,
das Zischeln der Zeichenlehrer
und das Rülpsen der Besserwisser.
Ich nahm meinen Pinsel zur Hand
und begrub das Geschöpf,
bevor die Schmarotzer anfangen konnten,
mir zu erklären, was es bedeute,
unter sorgfältig gemalten Fliesen
aus schwarzem, grünem und rosa Marmor.
Die *Heilige Anna* ist nicht mein berühmtestes,
aber vielleicht mein bestes Bild.
Keiner außer mir weiß, warum.

Die Ruhe auf der Flucht. Flämisch, 1521

Ich sehe das spielende Kind im Korn,
das den Bären nicht sieht.
Der Bär umarmt oder schlägt einen Bauern.
Den Bauern sieht er,
aber er sieht das Messer nicht,
das in seinem Rücken steckt;
nämlich im Rücken des Bären.

Auf dem Hügel drüben liegen die Überreste
eines Geräderten; doch der Spielmann,
der vorübergeht, weiß nichts davon.
Auch bemerken die beiden Heere,
die auf der hell erleuchteten Ebene
gegeneinander vorrücken –
ihre Lanzen funkeln und blenden mich –,
den kreisenden Sperber nicht,
der sie ins kalte Auge faßt.

Ich sehe deutlich die Schimmelfäden,
die sich durch das Dachgebälk ziehen,
im Vordergrund, und weiter hinten
den vorbeisprengenden Kurier.
Aus einem Hohlweg muß er aufgetaucht sein.
Niemals werde ich wissen,
wie dieser Hohlweg von innen aussieht;
aber ich denke mir,
daß er feucht ist, schattig und feucht.

Die Schwäne auf dem Teich in der Mitte des Bildes
nehmen keine Notiz von mir.
Ich betrachte den Tempel am Abgrund,
den schwarzen Elefanten – seltsam,

ein schwarzer Elefant auf freiem Feld! –
und die Statuen, deren weiße Augen
dem Vogelfänger im Wald zusehen,
dem Fährmann, der Feuersbrunst.
Wie lautlos das alles ist!

Auf sehr entlegenen, sehr hohen Türmen
mit fremdartigen Schießscharten
seh ich die Eulen zwinkern. Ja,
dies alles sehe ich wohl,
doch worauf es ankommt, das weiß ich nicht.
Wie sollte ich es erraten,
da alles das, was ich sehe,
so deutlich ist, so notwendig
und so undurchdringlich?

Nichts ahnend, in meine Geschäfte versunken
wie in die ihrigen jene Stadt,
oder wie weit in der Ferne
jene noch viel blaueren Städte
verschwimmend in andern Erscheinungen,
andern Wolken, Heeren und Ungeheuern,
lebe ich weiter. Ich gehe fort.
Ich habe dies alles gesehen, nur
das Messer, das mir im Rücken steckt, nicht.

Innere Sicherheit

Ich versuche den Deckel zu heben,
logischerweise, den Deckel,
der meine Kiste verschließt.
Es ist ja kein Sarg, das nicht,
es ist nur eine Packung, eine Kabine,
mit einem Wort, eine Kiste.

Ihr wißt doch genau, was ich meine,
wenn ich *Kiste* sage,
stellt euch nicht dumm,
ich meine ja nur
eine ganz gewöhnliche Kiste,
auch nicht dunkler als eure.

Also ich möchte raus, ich klopfe,
ich hämmere gegen den Deckel,
ich rufe *Mehr Licht,* ich ringe
nach Atem, logischerweise,
ich donnere gegen die Luke. Gut.

Aber sicherheitshalber ist sie zu,
meine Kiste, sie geht nicht auf,
mein Schuhkarton hat einen Deckel,
der Deckel aber ist ziemlich schwer,
aus Sicherheitsgründen,
denn es handelt sich hier
um einen Behälter, um eine Bundeslade,
um einen Safe. Ich schaffe es nicht.

Die Befreiung kann, logischerweise,
nur mit vereinter Kraft gelingen.
Aber sicherheitshalber bin ich

in meiner Kiste mit mir allein,
in meiner eigenen Kiste.
Jedem das Seine! Um mit vereinter Kraft
zu entweichen aus der eigenen Kiste,
müßte ich, logischerweise, bereits
aus der eigenen Kiste
entwichen sein, und das gilt,
logischerweise, für alle.

Also stemme ich mich gegen den Deckel
mit meinem eigenen Genick. Jetzt!
Einen Spalt breit! Ah! Draußen,
herrlich, die weite Landschaft,
bedeckt mit Büchsen, Kanistern,
kurzum, mit Kisten, dahinter
die eifrig rollenden grünen Fluten,
durchpflügt von seetüchtigen Koffern,
die unerhört hohen Wolken darüber,
und überall, überall Luft!

Laßt mich raus, rufe ich also,
erlahmend, wider besseres Wissen,
mit belegter Zunge, von Schweiß bedeckt.
Ein Kreuz schlagen, kommt nicht in Frage.
Winken, geht nicht, keine Hand frei.
Die Faust ballen, ausgeschlossen.

Also, *Ich drücke,* rufe ich,
mein Bedauern aus, wehe mir!
mein eignes Bedauern,
während mit dumpfem *Pflupp*
der Deckel sich wieder,
aus Sicherheitsgründen,
über mir schließt.

Verlustanzeige

Die Haare verlieren, die Nerven,
versteht ihr, die kostbare Zeit,
auf verlorenem Posten an Höhe
verlieren, an Glanz, ich bedaure,
macht nichts, nach Punkten,
unterbrecht mich nicht, Blut
verlieren, Vater und Mutter,
das in Heidelberg verlorene Herz,
ohne mit der Wimper zu zucken,
noch einmal verlieren, den Reiz
der Neuheit, Schwamm drüber,
die bürgerlichen Ehrenrechte, aha,
den Kopf, in Gottesnamen, den Kopf,
wenn es unbedingt sein muß,
das verlorene Paradies, meinetwegen,
den Arbeitsplatz, den Verlorenen Sohn,
das Gesicht, auch das noch,
einen Backenzahn, zwei Weltkriege,
drei Kilo Übergewicht verlieren,
verlieren, immer nur verlieren, auch
die längst verlorenen Illusionen,
na wenn schon, kein Wort
über die verlorene Liebesmüh,
aber woher denn, das Augenlicht
aus den Augen, die Unschuld
verlieren, schade, den Hausschlüssel,
schade, sich, gedankenverloren,
in der Menge verlieren,
unterbrecht mich nicht,
den Verstand, den letzten Heller,
sei's drum, gleich bin ich fertig,
die Fassung, Hopfen und Malz,

alles auf einmal verlieren,
wehe, sogar den Faden,
den Führerschein, und die Lust.

Der Aufschub

Bei dem berühmten Ausbruch des Helgafell, eines Vulkans
auf der Insel Heimaey, live übertragen von einem Dutzend
hustender Fernsehteams, sah ich, unter dem Schwefelregen,
einen älteren Mann in Hosenträgern, der, achselzuckend
und ohne sich weiter zu kümmern um Sturmwind, Hitze,
Kameraleute, Asche, Zuschauer (unter ihnen auch ich
vor dem bläulichen Bildschirm auf meinem Teppich),
mit einem Gartenschlauch, dünn aber deutlich sichtbar,
gegen die Lava vorging, bis endlich Nachbarn, Soldaten,
Schulkinder, ja sogar Feuerwehrleute mit Schläuchen,
immer mehr Schläuchen, gegen die heiße, unaufhaltsam
vorrückende Lava eine Mauer aus naß erstarrter
kalter Lava höher und höher türmten, und so,
zwar aschgrau und nicht für immer, doch einstweilen,
den Untergang des Abendlandes aufschoben, dergestalt,
daß, falls sie nicht gestorben sind, auf Heimaey,
einer Insel unweit von Island, heute noch diese Leute
in ihren kleinen bunten Holzhäusern morgens erwachen
und nachmittags, unbeachtet von Kameras, den Salat
in ihren Gärten, lavagedüngt und riesenköpfig,
sprengen, vorläufig nur, natürlich, doch ohne Panik.

Schwacher Trost

Der Kampf aller gegen alle soll,
wie aus Kreisen verlautet,
die dem Innenministerium nahestehn,
demnächst verstaatlicht werden,
bis auf den letzten Blutfleck.
Schöne Grüße von Hobbes.

Bürgerkrieg mit ungleichen Waffen:
was dem einen die Steuererklärung,
ist dem andern die Fahrradkette.
Die Giftmischer und die Brandstifter
werden eine Gewerkschaft gründen müssen
zum Schutz ihrer Arbeitsplätze.

Aufgeschlossen bis dort hinaus
geht es im Strafvollzug zu.
Abwaschbar, in schwarzes Plastik gebunden,
liegt Kropotkin zum Studium aus:
System der gegenseitigen Hilfe
in der Natur. Ein schwacher Trost.

Wir haben mit Bedauern vernommen,
daß es keine Gerechtigkeit gibt,
und mit noch größerem Bedauern,
daß es, wie die bewußten Kreise
händereibend versichern, auch nichts
dergleichen je geben kann, soll und wird.

Strittig ist nach wie vor, wer oder was
daran schuld sei. Ist es die Erbsünde
oder die Genetik? die Säuglingspflege?
der Mangel an Herzensbildung?

die falsche Diät? der Gottseibeiuns?
die Männerherrschaft? das Kapital?

Daß wir es leider nicht lassen können,
einander zu notzüchtigen,
an die nächstbeste Kreuzung zu nageln
und die Überreste zu essen, schön wär es,
dafür eine Erklärung zu finden,
Balsam für die Vernunft.

Zwar die tägliche Scheußlichkeit stört,
doch sie wundert uns wenig.
Was aber rätselhaft anmutet, ist
die stille Handreichung,
die grundlose Gutmütigkeit,
sowie die englische Sanftmut.

Also höchste Zeit, mit feuriger Zunge
den Kellner zu loben, der stundenlang
der Tirade des Impotenten lauscht;
den Barmherzigkeit übenden Knäckebrot-
Vertreter, der kurz vor dem tödlichen Schlag
den Zahlungsbefehl sinken läßt;

wie auch die Betschwester, die,
unverhofft, den atemlos an ihre Tür
hämmernden Deserteur versteckt;
und den Entführer, der sein wirres Werk
mit einem matten, zufriedenen Lächeln
unversehens aufgibt, zu Tode erschöpft;

und wir legen die Zeitung weg
und freuen uns, achselzuckend, so,
wie wenn der Schmachtfetzen glücklich aus ist,
wenn es hell wird im Kino, und draußen

hat es zu regnen aufgehört, dann blüht uns endlich der erste Zug aus der Zigarette.

Weitere Gründe dafür, daß die Dichter lügen

Weil der Augenblick,
in dem das Wort *glücklich*
ausgesprochen wird,
niemals der glückliche Augenblick ist.
Weil der Verdurstende seinen Durst
nicht über die Lippen bringt.
Weil im Munde der Arbeiterklasse
das Wort *Arbeiterklasse* nicht vorkommt.
Weil, wer verzweifelt,
nicht Lust hat, zu sagen:
»Ich bin ein Verzweifelnder.«
Weil Orgasmus und *Orgasmus*
nicht miteinander vereinbar sind.
Weil der Sterbende, statt zu behaupten:
»Ich sterbe jetzt«,
nur ein mattes Geräusch vernehmen läßt,
das wir nicht verstehen.
Weil es die Lebenden sind,
die den Toten in den Ohren liegen
mit ihren Schreckensnachrichten.
Weil die Wörter zu spät kommen,
oder zu früh.
Weil es also ein anderer ist,
immer ein anderer,
der da redet,
und weil der,
von dem da die Rede ist,
schweigt.

Erkenntnistheoretisches Modell

Hier hast du
eine große Schachtel
mit der Aufschrift
Schachtel.
Wenn du sie öffnest,
findest du darin
eine Schachtel
mit der Aufschrift
Schachtel
aus einer Schachtel
mit der Aufschrift
Schachtel.
Wenn du sie öffnest –
ich meine jetzt
diese Schachtel,
nicht jene –,
findest du darin
eine Schachtel
mit der Aufschrift
Und so weiter,
und wenn du
so weiter machst,
findest du
nach unendlichen Mühen
eine unendlich kleine
Schachtel
mit einer Aufschrift
so winzig,
daß sie dir gleichsam
vor den Augen
verdunstet.
Es ist eine Schachtel,

die nur in deiner Einbildung
existiert.
Eine vollkommen leere
Schachtel.

Erkennungsdienstliche Behandlung

Das ist nicht Dante.
Das ist eine Photographie von Dante.
Das ist ein Film, in dem ein Schauspieler auftritt, der
vorgibt, Dante zu sein.
Das ist ein Film, in dem Dante Dante spielt.
Das ist ein Mann, der von Dante träumt.
Das ist ein Mann, der Dante heißt, aber nicht Dante ist.
Das ist ein Mann, der Dante nachäfft.
Das ist ein Mann, der sich für Dante ausgibt.
Das ist ein Mann, der träumt, er sei Dante.
Das ist ein Mann, der Dante zum Verwechseln ähnlich sieht.
Das ist eine Wachsfigur von Dante.
Das ist ein Wechselbalg, ein Zwilling, ein Doppelgänger.
Das ist ein Mann, der sich für Dante hält.
Das ist ein Mann, den alle, außer Dante, für Dante halten.
Das ist ein Mann, den alle für Dante halten, nur er selber
glaubt nicht daran.
Das ist ein Mann, den niemand für Dante hält außer Dante.
Das ist Dante.

Andenken

Also was die siebziger Jahre betrifft,
kann ich mich kurz fassen.
Die Auskunft war immer besetzt.
Die wundersame Brotvermehrung
beschränkte sich auf Düsseldorf und Umgebung.
Die furchtbare Nachricht lief über den Ticker,
wurde zur Kenntnis genommen und archiviert.

Widerstandslos, im großen und ganzen,
haben sie sich selber verschluckt,
die siebziger Jahre,
ohne Gewähr für Nachgeborene,
Türken und Arbeitslose.
Daß irgendwer ihrer mit Nachsicht gedächte,
wäre zuviel verlangt.

Der Angestellte

Nie hat er jemanden umgebracht. Nein,
er wirft aus Versehen Flaschen um.
Er möchte gern, schwitzt, verliert
seinen liebsten Schlüssel. Immerzu
erkältet er sich. Er weiß, daß er muß.
Er mutet sich Mut zu, er gähnt,
er tupft seinen Gram auf den Putz.
Er denkt, lieber nicht. Eingezwängt
in zwei Schuhe, beteuert er bleich
das Gegenteil. Ja, er meldet sich an
und ab. Das Gegenteil sagt er von dem,
was er sagen wollte. Eigentlich, sagt er,
eigentlich nicht. Der Anzug ist ihm zu eng,
zu weit. Seine Stelle schmerzt. Nein,
seine eigene Handschrift kann er schon längst
nicht mehr lesen. Er hat sich scheiden lassen,
vergebens. Kein Mensch ruft ihn an. Überall
juckt es ihn. Sein Kugelschreiber läuft aus,
beim besten Willen. Er ist öfters vorhanden,
in jedem Zimmer einmal, immer allein.
Er schneidet sich beim Rasieren. Ja,
er paßt nämlich immer auf, sonst
kann er nicht schlafen. Er schläft.
Alles meckert, alles was recht ist,
alles lacht über ihn. Er merkt nicht,
was los ist. Das merkt er. Sein Kopfweh
ist unpolitisch. Er stellt sich an,
er stottert schon wieder, verschluckt sich.
Was er vorhin hat sagen wollen, das hat er
vorhin vergessen. Er hat vergessen,
sich umzubringen. Beim besten Willen.
Heimlich lebt er. Nein, er darf nicht,

aber er müßte. Er hat keinen Krebs,
aber das weiß er nicht. Sein Hut schwitzt.
Es ist ihm noch nie so gut gegangen
wie jetzt. Eigentlich möchte er nicht,
aber er muß. Er weint beim Friseur. Ja,
er ist anstellig, er entschuldigt sich.
Ja, er schreibt, ja, er kratzt sich,
ja, er müßte, aber er darf nicht,
nein, seinen Jammer hat niemand bemerkt.

Die Dreiunddreißigjährige

Sie hat sich das alles ganz anders vorgestellt.
Immer diese verrosteten Volkswagen.
Einmal hätte sie fast einen Bäcker geheiratet.
Erst hat sie Hesse gelesen, dann Handke.
Jetzt löst sie öfter Silbenrätsel im Bett.
Von Männern läßt sie sich nichts gefallen.
Jahrelang war sie Trotzkistin, aber auf ihre Art.
Sie hat nie eine Brotmarke in der Hand gehabt.
Wenn sie an Kambodscha denkt, wird ihr ganz schlecht.
Ihr letzter Freund, der Professor, wollte immer verhaut werden
Grünliche Batik-Kleider, die ihr zu weit sind.
Blattläuse auf der Zimmerlinde.
Eigentlich wollte sie malen, oder auswandern.
Ihre Dissertation, *Klassenkämpfe in Ulm, 1500*
bis 1512, und ihre Spuren im Volkslied:
Stipendien, Anfänge und ein Koffer voller Notizen.
Manchmal schickt ihr die Großmutter Geld.
Zaghafte Tänze im Badezimmer, kleine Grimassen,
stundenlang Gurkenmilch vor dem Spiegel.
Sie sagt: Ich werde schon nicht verhungern.
Wenn sie weint, sieht sie aus wie neunzehn.

Die Scheidung

Erst war es nur ein unmerkliches Beben der Haut –
»Wie du meinst« –, dort wo das Fleisch am dunkelsten ist.
»Was hast du?« – Nichts. Milchige Träume
von Umarmungen, aber am anderen Morgen
sieht der andere anders aus, sonderbar knochig.
Messerscharfe Mißverständnisse. »Damals in Rom –«
Das habe ich nie gesagt. – Pause. Rasendes Herzklopfen,
eine Art Haß, sonderbar. – »Darum geht es nicht.«
Wiederholungen. Strahlend hell die Gewißheit:
Von nun an ist alles falsch. Geruchlos und scharf,
wie ein Paßfoto, diese unbekannte Person
mit dem Teeglas am Tisch, mit starren Augen.
Es hat keinen Zweck keinen Zweck keinen Zweck:
Litanei im Kopf, ein Anflug von Übelkeit.
Ende der Vorwürfe. Langsam füllt sich
das ganze Zimmer bis zur Decke mit Schuld.
Die klagende Stimme ist fremd, nur die Schuhe,
die krachend zu Boden fallen, die Schuhe nicht.
Das nächste Mal, in einem leeren Restaurant,
Zeitlupe, Brotbrösel, wird über Geld gesprochen,
lachend. Der Nachtisch schmeckt nach Metall.
Zwei Unberührbare. Schrille Vernunft.
»Alles halb so schlimm.« Aber nachts
die Rachsucht, der stumme Kampf, anonym,
wie zwei knochige Advokaten, zwei große Krebse
im Wasser. Dann die Erschöpfung. Langsam
blättert der Schorf ab. Ein neues Tabakgeschäft,
eine neue Adresse. Parias, schrecklich erleichtert.
Blasser werdende Schatten. Dies sind die Akten.
Dies ist der Schlüsselbund. Dies ist die Narbe.

Stadtrundfahrt

Da drüben kauert der Schuhputzer,
der keine Schuhe mehr braucht;
denn seine Beine sind verfault
im Fernen Osten vor langer Zeit.

Das ist der Rauch von den Werften.

Dieses Café war früher ganz schwarz
von Hausierern und armen Dichtern.
Spitzel wie Mücken saßen dort
und tranken aus kleinen Tassen Blut.

Hier gibt es weiche Mädchen
gegen harte Devisen.
Das Pflaster ist aufgerissen.
Dort standen damals die Panzer.

Da ist im Sommer immer
der Kaiser spazierengefahren –
Stadtwäldchenallee, heute Gorkij fasor.
Das ist das Zentralkomitee.

Das ist der Rauch von den Schlachthöfen.

Hier ist mein Freund Sandór geboren
vor dem Zweiten Weltkrieg,
in der Beletage,
wo es Tag und Nacht dunkel war.

Siehst du den Rauch?

Diese Brücke war ganz zerstört.
Hier trinken die reichen Dichter Tee
und schimpfen leise,
und dort wird das neue Hilton gebaut.

Auf dieser wackligen Parkbank
sitzt manchmal ein alter Mann,
der manchmal die Wahrheit sagt.
Heute ist er nicht da.

Aber der Rauch. Siehst du den Rauch,

den alten Rauch über Budapest?

Das Falsche

Ein Freund von mir, Ost-Berlin, Leipziger Straße,
Deutsche Akademie, hat der Forschung unlängst
ein vollkommen neues Feld eröffnet:
die Fehlerlinguistik. Ja,
da hätte man viel zu tun.

Als Laie kann ich mir kein Urteil erlauben,
doch ich habe den Eindruck,
die Fehler vermehren sich:
Weiße Mäuse, Albinos mit roten Augen,
die übereinander klettern,
über Sessel und Betten,
und immer mehr weiße Mäuse werfen.

Gespräche am Bankschalter,
Ansichten über die Viererbande,
Richtlinien für die Zukunft des Menschengeschlechts.
Falsches Bewußtsein, sagen die Philosophen.
Wenn es nur das wäre.

Bremsen oder beschleunigen,
Hosen mit oder ohne Aufschlag,
deine Moral oder meine.
Wer sich im Recht wähnt,
ist schon gerichtet.

Sich freischaufeln aus einem Berg
von immer mehr rostigen Schaufeln,
mit bloßen Händen – ich fürchte,
das hat keinen Zweck. Alles verkehrt,
vermutlich auch dieser Satz.

Wenn man den eigenen Worten
eine Zeitlang zuhört,
wie sie dröhnen im eigenen Kopf –
man möchte die Augen zudrücken
wie ein kleines Kind,
sich die Ohren zuhalten
und am liebsten gar nichts mehr sagen.
Aber das wäre falsch.

Kurze Geschichte der Bourgeoisie

Dies war der Augenblick, da wir,
ohne es zu bemerken, fünf Minuten lang
unermeßlich reich waren, großzügig
und elektrisch, gekühlt im Juli,
oder für den Fall, daß es November war,
loderte das eingeflogene finnische Holz
in den Renaissancekaminen. Komisch,
alles war da, flog sich ein,
gewissermaßen von selber. Elegant
waren wir, niemand konnte uns leiden.
Wir warfen um uns mit Solokonzerten,
Chips, Orchideen in Cellophan. Wolken,
die Ich sagten. Einmalig!

Überallhin Linienflüge. Selbst unsre Seufzer
gingen auf Scheckkarte. Wie die Rohrspatzen
schimpften wir durcheinander. Jedermann
hatte sein eigenes Unglück unter dem Sitz,
griffbereit. Eigentlich schade drum.
Es war so praktisch. Das Wasser
floß aus den Wasserhähnen wie nichts.
Wißt ihr noch? Einfach betäubt
von unsern winzigen Gefühlen,
aßen wir wenig. Hätten wir nur geahnt,
daß das alles vorbei sein würde
in fünf Minuten, das Roastbeef Wellington
hätte uns anders, ganz anders geschmeckt.

Finnischer Tango

Was gestern abend war ist und ist nicht
Das kleine Boot das sich entfernt
und das kleine Boot das sich nähert
Das Haar das ganz nah war ist fremdes Haar
Das ist leicht gesagt   Das ist immer so
Der graue See ist doch der graue See
Das frische Brot von gestern abend ist hart
Niemand tanzt Niemand flüstert Niemand weint
Der Rauch ist verschwunden und nicht verschwunden
Der graue See ist jetzt blau   Jemand ruft
Jemand lacht   Jemand ist fort
Es ist ganz hell   Es war halb dunkel
Das kleine Boot kehrt nicht immer zurück
Es ist dasselbe und nicht dasselbe
Niemand ist da   Der Felsen ist Felsen
Der Felsen hört auf Felsen zu sein
Der Felsen wird wieder zum Felsen
Das ist immer so   Es verschwindet
nichts und nichts bleibt   Was da war
ist und ist nicht und ist   Das
versteht niemand   Was gestern abend war
Das ist leicht gesagt   Wie hell
der Sommer hier ist und wie kurz

Früher

für Günter

Ach ja, der Geist! Früher war immer
von ihm die Rede. Ich frage mich,
wo er geblieben ist, der Geist.
Auch die Kleinbahn
bimmelt schon lange nicht mehr.
Der arme Mann ist fort,
dem die Mutter Kleingeld gab,
eingewickelt in ein Stück Zeitung,
und einen Teller Suppe.
Der Volksempfänger ist fort,
die Hosenklammer. Wie leicht
man das alles verschmerzen kann!
So leicht wie das Wort *verschmerzen.*

In der Zeit des Faschismus
wußte ich nicht, daß ich
in der Zeit des Faschismus lebte.
Es wimmelte von Klavierlehrern.
Wo sind sie geblieben?
Dreipfennigstücke liefen um
und verschwanden. Verlegen
verbarg sich das Wort *Nostalgie*
im Lexikon: »Mitterwurzer bis Ohmgeld«.
Es wurde Fraktur geredet.
Dienstboten gingen ein
durch die Dienstboteneingänge.

Zahllose Arier waren vorhanden,
die um die Ecke bogen
wie Droschken. Sie dachten wohl,
sie würden gebraucht.

Ganz ohne Plastiktüten
überquerten ältere Leute
quälend langsam die nassen
gähnenden Adolf-Hitler-Plätze.
Mädchen kamen auf Schritt und Tritt,
die Strapse hatten,
Strapse und Leibchen.
Unanständige Wörter gab es.
Tonfilme tönten.

Das alles ist immer kleiner
und kleiner geworden,
unmerklich wie die Kernseife,
oder schmerzlos und über Nacht,
wie ein Milchzahn, verschwunden.
Zum Beispiel das Deutsche Reich.
Die Vergangenheit, drückend
und öde, ist unvorstellbar
leicht entbehrlich. Heute noch
weiß ich nicht genau,
was das ist: Nostalgie.

Eine Alterserscheinung vielleicht,
oder etwas Ansteckendes.
Filzläuse, Filzläuse,
wo seid ihr geblieben?
Packt doch die alten Fotos ein.
Ich verlasse mich lieber
auf die Vergänglichkeit.
Sie läßt keine Rührung
aufkommen, ist beharrlich
und macht vor nichts halt.

Nicht Zutreffendes streichen

Was deine Stimme so flach macht
so dünn und so blechern
das ist die Angst
etwas Falsches zu sagen

oder immer dasselbe
oder das zu sagen was alle sagen
oder etwas Unwichtiges
oder Wehrloses
oder etwas das mißverstanden werden könnte
oder den falschen Leuten gefiele
oder etwas Dummes
oder etwas schon Dagewesenes
etwas Altes

Hast du es denn nicht satt
aus lauter Angst
aus lauter Angst vor der Angst
etwas Falsches zu sagen

immer das Falsche zu sagen?

Gemeinschaftskunde

Heute nehmen wir den Besiegten durch.
In seinem zähen Auswurf kriecht der Besiegte,
mit seinem Totschläger, seiner Übelkeit,
über das salzige Pflaster. Weit hinten
lauert sein letzter Freund. Seht ihr,
wie unauffällig der Besiegte sich
seinen mageren Gaumen leckt! Er ißt
natürlich, er schweigt natürlich,
auf deutsch. Arbeitslos atmet er.
Auch seine Haut hat gelitten, das
sieht man doch, unter dem alten Übel.
Sie altert normalerweise, ohne Geld.
Auch die Rache ist löchrig geworden,
das weiß man, sie heizt nicht. Nein,
natürlich nicht. Aber er denkt sie,
fortwährend, bis auf die Haut. Blut
riecht er, auf deutsch. Der Besiegte
ist lehrreich, wir nehmen ihn durch.
Er bewegt sich noch, seht ihr,
er schnauft, er wehrt sich, er hustet.
Jetzt taumelt er, jetzt schlägt der Besiegte
den letzten Freund in die Flucht.
Er bewegt sich. Er ist noch nicht besiegt.

Die Kleider

Da liegen sie, still und katzenhaft
in der Sonne, nachmittags,
deine Kleider, ausgebeult,
traumlos, wie ein Zufall.
Sie riechen nach dir, schwach,
sehen dir beinah ähnlich.
Deinen Schmutz überliefern sie,
deine schlechten Gewohnheiten,
die Spur deiner Ellenbogen.
Sie haben Zeit, atmen nicht,
sind übrig, schlaff, voller Knöpfe,
Eigenschaften und Flecken.
In der Hand eines Polizisten,
einer Schneiderin, eines Archäologen
gäben sie ihre Nähte preis,
ihre nichtigen Geheimnisse.
Aber wo du bist, ob du leidest,
was du mir immer hast sagen wollen
und nie gesagt hast,
ob du wiederkommst, ob das,
was geschah, aus Liebe geschah
oder aus Not oder Vergeßlichkeit,
und warum dies alles so,
wie es gekommen ist,
gekommen ist,
als es ums nackte Leben ging,
ob du tot bist, oder ob
du dir nur die Haare wäschst,
das sagen sie nicht.

Ein Traum

Ich bin auf der Flucht. Ich habe meine Schuhe verloren.
Kirschbäume blühen hinter einem verlassenen Haus.
Der Zaun ist zerbrochen. Meine Füße sind staubig, wund.
Ich sitze im Gras, schlafe ein. Durch das offene Fenster
blicke ich in ein Zimmer, das weiß und kühl ist. Im Traum
sehe ich einen alten Mann barfuß vor einer Leinwand stehen.
Er kehrt mir den Rücken zu. Leicht gebückt
tänzelt er in der Morgensonne und setzt
mit winzigen Strichen rasch ein paar Schuhe hin,
zwinkernd. Wie leicht das geht! Der Geruch
der Farbe ist stechend und fett, und im schrägen Licht
funkelt der nasse Pinsel, jedes einzelne Haar.
Die Zeit vergeht. Weich und rehbraun malt er
die beiden Stiefelchen nebeneinander, etwas versetzt,
in das weiche Gras. Ich rieche das Leder. Die Schlaufen,
die Zungen glänzen matt, ich kann die Haken zählen,
die eisernen Ösen. Außer im Kopf des Malers
und auf seinem Bild sind keine Schuhe da.
Von der Straße her höre ich Leute murmeln,
Hundegebell, Lärm. War das nicht ein Schuß?
Warum tust du das, rufe ich im Traum, was du tust?
Hast du kein Leder? – Er rührt sich nicht. – Ja,
sie sind schön, aber was heißt schön? Bekommst du
Geld dafür? – Ich glaube, er lacht. – Außerdem
sind sie alt und abgetragen. – Er stellt sich taub,
wirft einen Blick auf das Bild, zuckt die Achseln
und geht. Die Stiefelchen stehen warm,
wie zwei schlafende Hasen, im Gras.

Kein Anschluß unter dieser Nummer

Aber jetzt, da sie erwacht ist, weiß sie nicht mehr,
wie sie in dieses Zimmer geraten ist. Aber die Treppe,
denkt sie, war baufällig und verwinkelt.
Überall riecht es nach Flieder. Aber sie kennt
diese weißen Vorhänge, die sich bauschen, bauschen.
Derselbe Nachtfalter sitzt auf dem verschlissenen Sessel.
Er zittert, seine Flügel schimmern, mehlig und weich.
Biochemie. Sie hat Biochemie studiert. Aber wo
ist der Lichtschalter? Wo ist ihr Kugelschreiber
geblieben, die alte Tasche, der Autoschlüssel?
Das ist doch Wahnsinn. Sie horcht. Sie reißt
das Fenster auf. Sie ist nackt, sie schaudert,
zuckt, dehnt ihre kühlen Zehen. Sie denkt:
Aber dieser Nachtfalter, dieses vage Verlangen,
die weißen Kerzen der Kastanien über dem Zaun –
das alles ist unerklärlich. Kein Güterzug klirrt
und rumpelt vorbei, nicht einmal eine Uhr
tickt hier. Aber ohne Geschichte, denkt sie,
ohne Zeitungen, Präparate, bin ich verloren.
Zum Verrücktwerden, daß das alles stirbt
und wiederkehrt: die nackte Haut, das Mondlicht,
der Falter mit seinen weißen Fühlern, die suchen,
suchen, und der Geruch des Flieders in diesem hohen Zimmer
Aber alles ist da, genau wie vor hundert Jahren.

Der Fliegende Robert

Eskapismus, ruft ihr mir zu,
vorwurfsvoll.
Was denn sonst, antworte ich,
bei diesem Sauwetter! –,
spanne den Regenschirm auf
und erhebe mich in die Lüfte.
Von euch aus gesehen,
werde ich immer kleiner und kleiner,
bis ich verschwunden bin.
Ich hinterlasse nichts weiter
als eine Legende,
mit der ihr Neidhammel,
wenn es draußen stürmt,
euern Kindern in den Ohren liegt,
damit sie euch nicht davonfliegen.

Die Furie

Sie sieht zu, wie es mehr wird,
verschwenderisch mehr,
einfach alles, wir auch;
wie es wächst, über den Kopf,
die Arbeit auch; wie der Mehrwert
mehr wird, der Hunger auch;
sieht einfach zu, mit ihrem Gesicht,
das nichts sieht; nichtssagend,
kein Sterbenswort;
denkt sich ihr Teil;
Hoffnung, denkt sie,
unendlich viel Hoffnung,
nur nicht für euch;
ihr, die nicht auf uns hört,
gehört alles; und sie erscheint
nicht fürchterlich; sie erscheint nicht;
ausdruckslos; sie ist gekommen;
ist immer schon da; vor uns
denkt sie; bleibt;
ohne die Hand auszustrecken
nach dem oder jenem,
fällt ihr, was zunächst unmerklich,
dann schnell, rasend schnell fällt, zu;
sie allein bleibt, ruhig,
die Furie des Verschwindens.

Konsistenz

Der Gedanke
hinter den Gedanken.
Ein Kiesel, gewöhnlich,
unvermischt, hart,
nicht zu verkaufen.

Löst sich nicht auf,
steht nicht
zur Diskussion,
ist was er ist,
nimmt nicht zu oder ab.

Unregelmäßig,
nicht bunt, geädert.
Nicht neu, nicht alt.
Braucht keine Begründung,
verlangt keinen Glauben.

Du weißt nicht, woher
du ihn hast, wohin
er geht, wozu
er dient. Ohne ihn
wärst du wenig.

Chinesische Akrobaten

Ein Wort in die Luft zu werfen
das Wort *schwer*
ist leicht

Ein Zeichen in die Luft zu tuschen
das Zeichen *unmöglich*
ist nicht unmöglich

Oder Strich auf Strich
Bambus oder *Lust* oder *Teller* zu setzen
Silbe auf Silbe auf Silbe
zu balancieren
immer höher und höher

aah!

Aber selbst so leicht zu werden
wie ein Strich
eine Silbe
ein Zeichen

am Himmel
eine Minute lang

zu schweben
ist schwer

Unmöglich
so hoch oben
zu atmen

während hier unten
Banditen
immer mehr Banditen
Kaiser Japaner Warlords
wüten

Tausend Jahre lang
hungert die Angst
ängstigt die Lust sich
und schaut zu
atemlos
aaah!

wie am Himmel die Körper
immer leichter und leichter
schweben

immer höher und höher
balancieren

Hand
Bambus
Teller
Knie
Frau
Tusche
Strich
Bambus
Hand
Zeichen
Teller
Stange
Frau
Bambus
Strich
Silbe
Knie

Bitte noch einen Strich!
ruft die Lust
Noch einen Teller!
die Angst
bitte nicht!
bitte doch!

Aaaah!
wie leicht!
wie leicht das schwankt
knickt
bricht
kippt
stürzt

Bitte nicht!

Die hohen Körper
atmen
eine Minute lang
während sich schneller und schneller
und höher und höher
immer mehr
leere Teller drehn
geisterhaft
leicht am Himmel

aaaaaaah!

vergißt die Angst ihren Hunger
und die Lust ihre Angst

Zur Frage der Bedürfnisse

Unbemerkt ballt sich im Strandcafé
die Wut auf den Frieden
zur Faust in der Magengrube.
Es braucht wenig, und der Möbelhändler,
umzingelt von zentimetergenauen Raumteilern,
zündet seine Matratze an,
der Banker kotzt auf dem Klo,
und der Fadenglas-Sammler zertrümmert,
in einem letzten Aufbäumen,
seinen unersetzlichen Alptraum;

während der junge Türke, erschöpft
nach der Messerstecherei,
von einem schneeweißen Cabrio träumt,
der Nazi nach dem brüllenden Meeting
sein Hündchen zum Pudelsalon bringt
und der entkommene Terrorist
sich niederläßt, aufatmend,
in der Hollywood-Schaukel.

Alte Revolution

Ein Käfer, der auf dem Rücken liegt.
Die alten Blutflecken sind noch da, im Museum.
Jahrzehnte, die sich totstellen.
Ein saurer Mundgeruch dringt aus dreißig Ministerien.
Im Hotel Nacional spielen vier verstorbene Musikanten
den Tango von 1959, Abend für Abend:
Quizás, quizás, quizás.

Im Gemurmel der tropischen Maiandacht
fallen der Geschichte die Augen zu.
Nur die Sehnsucht nach Zahnpasta,
Glühbirnen und Spaghetti
liegt schlaflos da zwischen feuchten Laken.

Ein Somnambule vor zehn Mikrophonen,
der kein Ende findet, schärft seiner müden Insel ein:
Nach mir kommt nichts mehr.
Es ist erreicht.
An den Maschinenpistolen glänzt das Öl.

Verschwundene Arbeit

Ziemlich entlegen, das alles.
Dunkel wie eine Sage.
Der Lumpenhändler
mit dem zerbeulten Zylinder,
des Waidmüllers blaue Hand,
der Pfragner in seinem kühlen Gewölb.

Der Schlözer stieg aus dem Schilf,
es ließ der Zedler die Beute stehn,
der Köhler den Quandel.
Die Kremplerin warf die Distel hin,
der Mollenhauer den Beitel.
Vermoderte Werke,
ausgestorbene Fertigkeiten.

Wo ist der Blatthaken geblieben,
die Zugöse, der Kammdeckel?
Verschollen der Schirrmacher,
nur der Name steht noch,
wie in Bernstein erstarrt,
im Telefonbuch.

Aber den schimmernden Quader aus Licht
habe ich selbst noch gesehen,
mit eigenen Augen, zauberhaft
mühelos in die Höhe geworfen
am eisernen Haken
auf das lederne Schulterblatt

des Eismanns, am Mittwoch,
pünktlich, die Splitter
schmolzen mir feurig
im kalten Mund.

Der Eisenwarenladen

Zwei ältliche Waisen,
die ihn geerbt haben,
neunzehnjährig,
vor neunzehn Jahren.

Nonnen in verwaschenen Schürzen,
eingemauert
von bleiernen Schubladen,
Stifte und Stellschrauben
zwischen den Lippen.

Ihr grauer Eifer,
ihre rosige Hingabe
unter der nackten Glühbirne.
Der graue Geruch nach Schmierfett,
Gummi, Kitt und Metall.

Riesige Rohrzangen, Herzbohrer
in ungeliebten Händen.
Die feuchte Zunge,
die sich nach dem Mundwinkel sehnt
beim Schreiben der Rechnung.

Ursuppe, hast du dir davon
etwas träumen lassen?
Was hast du dir, Weltgeist,
dabei gedacht?
Vorsehung, war das alles:

Zwei ältliche Schwestern,
lebenslänglich.
in einem Eisenwarenladen?

Ihr rosiger Eifer,
ihre graue Hingabe
an das Schmirgelpapier?

Zum Ewigen Frieden

Dieses Zeug, das aus dem dunklen
Himmel hell fällt, leicht,
gleichmäßig, lautlos, ohne
Aufenthalt tänzelnd, setzt sich

auf alles, ohne Eile, was eckig
ist, Hochhaus, Briefkasten, Sarg.
Alles, was eckig war, wird
rund, langsam bauschen sich

Mauern, der Abdruck der Schuhe
füllt sich, geht unter, mild,
es versinkt die Schaufel,
langsam, langsam, alles, was

zählbar war, spitz, distinkt,
fließt ineinander, Dachziegel,
Köpfe, behaubt sich, es unterliegt
das Schroffe dem Weichen, es weicht

der Unterschied, niedrig, hoch,
flach, erhaben, böse, gut. Da
der Hügel war vor Wochen, Tagen,
Minuten ein Puff, eine Bretterbude,

ein Schneepflug. Auch die Zeit
ist zu Watte geworden. Hie und da
noch ein Wetterhahn, eine Antenne.
Die leichte Wölbung am Horizont

undeutlich, von Flocken verschluckt,
muß das Matterhorn sein, oder

der Ararat. Es verschwindet der Krieg
im Frieden, weiß und vollkommen.

Alles gleichmäßig wie der Schnee,
nur der Schnee nicht. Jeder Kristall
für sich, verschieden von
jedem Kristall. Ein Blick

durch das Mikroskop genügt, nur
schade, daß es versunken ist,
das Mikroskop, und das Auge
verdunkelt vom Schnee.

Ein Hase im Rechenzentrum

Die schnellste Maschine,
Parallelarchitektur,
knapp tausend Megaflops,
vermag seinem kleinen Gehirn
nicht zu folgen.

Die bebende Oberlippe
zuckend im Neonlicht,
die großen Augen starr
auf den Bildschirm gerichtet,
trommelt er panisch
gegen das graue Linoleum.

Dann, es ist drei Uhr früh,
der letzte Plasmaphysiker
ist nach Hause gegangen,
schnellt er plötzlich hoch
und jagt im Zickzack
zwischen Monitoren
und stotternden Druckern
durch den verlassenen Raum.

Weicher Feigling,
fünfzig Millionen Jahre
älter als wir!
Dem Blutdurst der Jäger,
der Ramme, dem Gas,
dem Virus entkommen,
schlägt er ungerührt seine Haken.

Aus dem Eozän hoppelt er
an uns vorbei in eine Zukunft,

reich an Feinden,
doch nahrhaft und geil
wie der Löwenzahn.

Vorgänger

Abgewandt, früher
oder später, abgewandt
haben sie sich,
einer nach dem andern.
Zuerst die Augen,
unmerklich, dann
diese minimale Geste
der linken Hand,
die zu deuten
uns nicht gegeben war.

Ein Abwinken,
ein ironischer Gruß:
»Wir stellen anheim,
lassen auf sich beruhn.«
Aber was?

Erst, als wir
das glatte Kissen fanden,
die leere Tasse,
das Hemd über dem Stuhl,
den Schlüssel am Brett,
waren wir irritiert.

»Was hast du?«
Keine Antwort.
Weder Vorwurf
noch Nachsicht.
Nicht einmal das Licht
haben sie ausgemacht
im Korridor.

Dann sind sie
kleiner geworden,
immer kleiner,
wie Flugzeuge, oder
wenn sie zu Fuß waren,
im Schnee, dunkel,
auf Knüppeldämmen,
in einer Staubwolke.
Was aus ihnen geworden ist,
wissen wir nicht.

Kiosk

An der nächsten Ecke
die drei ältlichen Schwestern
in ihrer Bretterbude.
Zutraulich bieten sie
Mord Gift Krieg
einer netten Kundschaft
zum Frühstück an.

Schönes Wetter heute. Penner,
die Hundekuchen essen. Besitzer,
erstickend in Villen
unter Tanagra-Figuren,
und andere Lebewesen,
die pünktlich beim Aufgang
der Sonne in Banken verschwinden,

bizarr wie das Mammut
mit seinen geringelten Stoßzähnen
und die Gottesanbeterin.
Sie stören mich nicht.
Auch ich kaufe gern
bei den Parzen ein.

Der Krieg, wie

Er glitzert wie die zerbrochene Bierflasche in der Sonne
an der Bushaltestellte vor dem Altersheim

Er raschelt wie das Manuskript des Ghostwriters
auf der Friedenskonferenz

Er flackert wie der bläuliche Widerschein des Fernsehers
auf den somnambulen Gesichtern

Er riecht wie der Stahl der Maschinen im Fitness-Studio
wie der Atem des Leibwächters auf dem Flughafen

Er röhrt wie die Rede des Vorsitzenden
Er bläht sich wie die Fatwah im Munde des Ajatollah

Er zirpt wie das Videospiel auf der Diskette des Schülers
Er funkelt wie der Chip im Rechenzentrum der Bank

Er breitet sich aus wie die Lache hinter dem Schlachthof

Atmet
raschelt
bläht sich
riecht

wie

Privilegierte Tatbestände

Es ist verboten, Personen in Brand zu stecken.
Es ist verboten, Personen in Brand zu stecken, die im Besitz
einer gültigen Aufenthaltsgenehmigung sind.
Es ist verboten, Personen in Brand zu stecken, die sich an
die gesetzlichen Bestimmungen halten und im Besitz
einer gültigen Aufenthaltsgenehmigung sind.
Es ist verboten, Personen in Brand zu stecken, von denen
nicht zu erwarten ist, daß sie den Bestand und die
Sicherheit der Bundesrepublik Deutschland gefährden.
Es ist verboten, Personen in Brand zu stecken, soweit sie
nicht durch ihr Verhalten dazu Anlaß geben.
Es ist insbesondere auch Jugendlichen, die angesichts
mangelnder Freizeitangebote und in Unkenntnis der
einschlägigen Bestimmungen sowie aufgrund von
Orientierungsschwierigkeiten psychisch gefährdet sind,
nicht gestattet, Personen ohne Ansehen der Person in
Brand zu stecken.
Es ist mit Rücksicht auf das Ansehen der Bundesrepublik
Deutschland im Ausland dringend davon abzuraten.
Es gehört sich nicht.
Es ist nicht üblich.
Es sollte nicht zur Regel werden.
Es muß nicht sein.
Niemand ist dazu verpflichtet.
Es darf niemandem zum Vorwurf gemacht werden, wenn
er es unterläßt, Personen in Brand zu stecken.
Jedermann genießt ein Grundrecht auf Verweigerung.
Entsprechende Anträge sind an das zuständige
Ordnungsamt zu richten.

Nota bene. Wer diesen Text in eine andere Sprache überträgt, wird gebeten, an Stelle der Bundesrepublik Deutschland versuchsweise die offizielle Bezeichnung seines eigenen Landes einzusetzen. Diese Fußnote sollte auch in der Übersetzung stehenbleiben.

Der blecherne Teller

Über die Armut ist alles gesagt.
Daß sie hartnäckig ist, zäh, klebrig.
Daß sie niemanden interessiert,
außer die Armen. Langweilig ist sie.
So emsig, daß ihr keine Zeit bleibt,
über Langweile zu klagen.
Sie ist wie der Dreck. Dort,
wo unten ist, ist sie,
stört, steckt an, stinkt.

Sie fällt auf durch Allgegenwart.
Es ist, als wäre sie ewig.
Göttliche Attribute. Hilfreiche,
Heilige suchen sie, Mönche
und Nonnen sind mit ihr verlobt.
Alle andern, lebenslänglich
auf der Flucht vor ihr, holt sie
mit ihrem blechernen Teller
majestätisch und unbewegt

an der nächsten Ecke ein.

Altes Europa

Im warmen Brotduft vor der Bäckerei
hält ein dicker Zauberer aus Guinea
unter der goldenen Brezel
Schlüsselanhänger feil
in der Graubrüdergasse.
(Wer waren die Grauen Brüder?)

Kleine drahtige Dealer
in riesigen Turnschuhen streiten sich
in einer Sprache knurrend,
die niemand versteht, an der Mauer
des Kirchhofs zum Heiligen Geist.
(Wer war der Heilige Geist?)

Und dann die alte Bosnierin,
die ihr steifes Bein ausstreckt,
ein paar Minuten lang, auf einer Bank
im dunkelgrünen, stillen Hof
hinter dem dunkelgrünen Portal
des Hauses zum Elefanten, erbaut 1639.

Audiosignal vom 15. Mai 1912
Störpegel >8 μW, Störabstand >22 db

Lispeln Nuscheln Schwafeln Munkeln
Näseln Flöten Säuseln Mümmeln
Tuscheln Jibbern Girren Keuchen

Stottern Flennen Sabbeln Grunzen
Faseln Schnarren Fisteln Knödeln
Gackern Blöken Johlen Grölen

Klingeln Piepsen Schrillen Quietschen
Knistern Klirren Kratzen Zischen
Jaulen Pfeifen Klappern Knirschen

Rumpeln Krachen Scheppern Röhren
Hämmern Wummern Donnern Dröhnen
Blubbern Glucksen Gurgeln Schwappen

Stammeln Wimmern Ächzen Brüllen
Jammern Zetern Japsen Stöhnen
Schluchzen Kreischen Winseln Röcheln

Rauschen Rauschen Rauschen Rauschen

Schöner Sonntag

Der alte Herr mit dem Backenbart,
mit den zerbrechlichen Knochen,
wie er da auf dem Bänkchen sitzt
vor dem Bunker,
vor seinem eigenen Bunker.

Wie er dasitzt in der Morgensonne
und strickt und murmelt.
Was hat er gesagt?
Was hat er gesagt?
Schöner Sonntag heute.
Schöner Sonntag heute.

Wie er das Strickzeug sinken läßt,
wie er wittert,
wie er lauscht,
wie er aufpaßt,
ob einer um die Ecke kommt,
ihn totzuschlagen.

Wie er weiterstrickt,
wie er vor sich hinträllert:
Niemand da.
Niemand da.
Schöner Sonntag heute.

Auch eine Offenbarung

Das galvanische Zittern
tief im Sympathicus,
wenn etwas Seidenes
niederraschelt.
Chemischer Seelentumult.
Dann dieses schwache Giemen
im Dunkeln – Giemen,
will heißen »ein Atemgeräusch
von fast pfeifendem Charakter«.

Flüchtig, nicht zu fassen,
eine plötzliche Gabe,
ein Zeichen der Gegenliebe,
die keiner verdient hat.

Unbegreiflich,
was so sublim ist
am bloßen Arsch einer Frau.

Der Neue Mensch

Dieser neue Mensch
sieht fremd aus.

Angenehm,
diese Unähnlichkeit.

»Ganz der Vater.«
Hoffentlich nicht.

Er arbeitet schwer,
bringt Geräusche hervor.

Wir erraten nicht,
was er will.

Atmet, verdaut,
kriecht, jammert.

Zögernd bemerkt er
die Zweifaltigkeit.

Klettert an Wörtern
hinauf, probiert

Wippen, Schaukeln,
Verwegenheit, Angst.

Eines Tages, schlauer
als wir, verblüfft er uns.

Dann, während wir
langsam sterben,

wird er uns, unaufhaltsam,
immer ähnlicher.

Altes Medium

Was Sie vor Augen haben,
meine Damen und Herren,
dieses Gewimmel,
das sind Buchstaben.
Entschuldigen Sie.
Entschuldigen Sie.
Schwer zu entziffern,
ich weiß, ich weiß.
Eine Zumutung.
Sie hätten es lieber audiovisuell,
digital und in Farbe.

Aber wem es wirklich ernst ist
mit *virtual reality*,
sagen wir mal:
Füllest wieder Busch und Tal,
oder: Einsamer nie
als im August, oder auch:
Die Nacht schwingt ihre Fahn,
der kommt mit wenig aus.

Sechsundzwanzig
dieser schwarz-weißen Tänzer,
ganz ohne Graphik-Display
und CD-ROM,
als Hardware ein Bleistiftstummel –
das ist alles.

Entschuldigen Sie.
Entschuldigen Sie bitte.
Ich wollte Ihnen nicht zu nahe treten.
Aber Sie wissen ja, wie das ist:
Manche verlernen es nie.

Für Karajan und andere

Drei Männer in steifen Hüten
vor dem Kiewer Hauptbahnhof –
Posaune, Ziehharmonika, Saxophon –

im Dunst der Oktobernacht,
die zwischen zwei Zügen zaudert,
zwischen Katastrophe und Katastrophe:

vor Ermüdeten spielen sie, die voll Andacht
in ihre warmen Piroggen beißen
und warten, warten,

ergreifende Melodien, abgetragen
wie ihre Jacken und speckig
wie ihre Hüte, und wenn Sie da

fröstelnd gestanden wären unter Trinkern,
Veteranen, Taschendieben,
Sie hätten mir recht gegeben:

Salzburg, Bayreuth und die Scala
haben dem Bahnhof von Kiew
wenig, sehr wenig voraus.

Die Visite

Als ich aufsah von meinem leeren Blatt,
stand der Engel im Zimmer.

Ein ganz gemeiner Engel,
vermutlich unterste Charge.

Sie können sich gar nicht vorstellen,
sagte er, wie entbehrlich Sie sind.

Eine einzige unter fünfzehntausend Schattierungen
der Farbe Blau, sagte er,

fällt mehr ins Gewicht der Welt
als alles, was Sie tun oder lassen,

gar nicht zu reden vom Feldspat
und von der Großen Magellanschen Wolke.

Sogar der gemeine Froschlöffel, unscheinbar wie er ist,
hinterließe eine Lücke, Sie nicht.

Ich sah es an seinen hellen Augen, er hoffte
auf Widerspruch, auf ein langes Ringen.

Ich rührte mich nicht. Ich wartete,
bis er verschwunden war, schweigend.

Empfänger unbekannt –
Retour à l'expéditeur

Vielen Dank für die Wolken.
Vielen Dank für das Wohltemperierte Klavier
und, warum nicht, für die warmen Winterstiefel.
Vielen Dank für mein sonderbares Gehirn
und für allerhand andre verborgne Organe,
für die Luft, und natürlich für den Bordeaux.
Herzlichen Dank dafür, daß mir das Feuerzeug nicht ausgeht,
und die Begierde, und das Bedauern, das inständige Bedauern.
Vielen Dank für die vier Jahreszeiten,
für die Zahl e und für das Koffein,
und natürlich für die Erdbeeren auf dem Teller,
gemalt von Chardin, sowie für den Schlaf,
für den Schlaf ganz besonders,
und, damit ich es nicht vergesse,
für den Anfang und das Ende
und die paar Minuten dazwischen
inständigen Dank,
meinetwegen für die Wühlmäuse draußen im Garten auch.

Optimistisches Liedchen

Hie und da kommt es vor,
daß einer um Hilfe schreit.
Schon springt ein andrer ins Wasser,
vollkommen kostenlos.

Mitten im dicksten Kapitalismus
kommt die schimmernde Feuerwehr
um die Ecke und löscht, oder im Hut
des Bettlers silbert es plötzlich.

Vormittags wimmelt es auf den Straßen
von Personen, die ohne gezücktes Messer
hin- und herlaufen, seelenruhig,
auf der Suche nach Milch und Radieschen.

Wie im tiefsten Frieden.

Ein herrlicher Anblick.

Kriegserklärung

Im Hinterzimmer des Bierkellers,
wo sieben Besoffene sich versammelt haben,
fängt er an, der Krieg; er schwelt
in der Kinderkrippe; die Akademie
der Wissenschaften brütet ihn aus;
nein, in einem Kreißsaal von Gori
oder Braunau gedeiht er, im Internet,
in der Moschee; das kleine Gehirn
des patriotischen Dichters schwitzt ihn aus;
weil jemand beleidigt ist, weil jemand
Blut geleckt hat, in Gottes Namen,
wütet der Krieg, aus Gründen der Hautfarbe,
im Bunker, im Jux, oder aus Versehen;
weil Opfer gebracht werden müssen
für die Rettung der Menschheit, und zwar
besonders nachts, wegen der Ölfelder;
deshalb, weil auch die Selbstverstümmelung
ihren Reiz hat, und weil das Geld fließt,
fängt er an, der Krieg, im Delirium,
wegen des verlorenen Fußballspiels;
weit gefehlt, um Gottes willen; ja dann;
obwohl ihn niemand gewollt hat; aha;
nur so, zum Vergnügen, heldenhaft,
und weil uns nichts Besseres einfällt.

Ein schwarzer Tag

An solchen Donnerstagen
hackt sogar der erfahrenste Metzger
sich einen Finger ab.
Alle Züge haben Verspätung,
weil sich die Selbstmörder
nicht mehr beherrschen können.
Der Zentralcomputer im Pentagon
ist schon lange zusammengebrochen,
und alle Wiederbelebungsversuche
in den Freibädern kommen zu spät.

Zu allem Überfluß
kocht nebenan bei Marotzkes
jetzt auch noch die Milch über,
der Hund hat Verdauungsbeschwerden,
und nicht einmal Tante Olga,
die Unverwüstliche,
ist so ganz auf der Höhe.

Zahlungsmittel

Dieses lästige Wunder –
rätselhaft, wie es erzeugt wird.
Umgeben von Leibwächtern
macht es sich rar,
betet Geheimnummern her.
Es lauert im Dunkeln
und schweigt, oder es klingelt.
Auch in der Zeitung steht es,
steht, wie es steht.
Daß man es wegschmeißt,
kommt nicht oft vor. Drahtlos
wie der Heilige Geist,
kann es nicht schlafen.
Es ist zu nervös, wittert
und flieht. Oft hat es Nullen,
will, daß man daran glaubt,
religiös wie es ist und humorlos,
möchte es, daß man es wäscht,
sammelt, zählt und bewegt,
damit es arbeiten kann,
wachsen, schneller und schneller.
Dann ist es plötzlich weg.

Prästabilierte Disharmonie

Für jeden, der seine Bierflasche
auf dem Kopf des Tamilen zertrümmert,
ein Chirurg in der Notaufnahme,
der den Schädel zusammenflickt.
Und umgekehrt.

Für jeden Minensucher,
der seine Haut riskiert,
ein Waffenhändler.
Und umgekehrt.

Für jeden Vergewaltiger eine Frau
mit dem Steakmesser in der Hand,
für jeden Sozialarbeiter ein Neonazi,
für jeden Besserverdienenden
ein Steuerfahnder, für jedes Monster
eine sanfte Madonna, und umgekehrt.

Ach, alle Hände voll zu tun
hat ein jeder von uns.
Da ist kein Ende in Sicht.

Leichter als Luft

Besonders schwer
wiegen Gedichte nicht.
Solange der Tennisball steigt,
ist er, glaube ich,
leichter als Luft.

Das Helium sowieso,
die Eingebung, dieses Kribbeln
in unserm Gehirn,
auch das Elmsfeuer
und die natürlichen Zahlen.

Sie wiegen so gut wie nichts,
von den transzendenten,
ihren vornehmen Vettern,
obwohl sie zahllos sind,
gar nicht zu reden.

Soviel ich weiß, gilt das auch
für den Strahlenkranz des Magneten,
den wir nicht sehen,
für die meisten Heiligenscheine
und für ausnahmslos alle Walzerklänge.

Leichter als Luft,
wie der vergessene Kummer
und der bläuliche Rauch
der endgültig letzten Zigarette,
ist natürlich das Ich,

und, soviel ich weiß,
steigt der Geruch des Brandopfers,

der den Göttern so wohlgefällig ist,
immer gen Himmel.
Der Zeppelin auch.

Vieles bleibt ohnehin
in der Schwebe.
Am leichtesten wiegt vielleicht,
was von uns übrigbleibt,
wenn wir unter der Erde sind.

Aesculus hippocastanum

Wie klein du bist, wie kindisch, im Vergleich
zu ihrer Majestät, und sie ist reich.
Millionen weißer Hauben streut sie hin,
diskret getüpfelt, gelb und karmesin.

Viel später hörst du, wie es draußen knallt,
ein weicher, dumpfer Schall auf dem Asphalt
von grünen Morgensternen. Weißer Pelz
im Futteral, aus dem dir Glanz und Schmelz

entgegenrollt, gemasert, rätselhaft und grau
gescheckt mit einem Nabel silbergrau,

daß du dich bückst und faßt es einfach an,
was jeder haben, keiner kaufen kann,

die blanke Gabe, winzig, fehlerlos
und jung. Nur du bist alt und groß.

Leisere Töne

Immer nur die Dosis steigern,
ganz verkehrt. Vorübergehend
das meiste beiseite lassen –
auch nicht schlecht: weichere Wörter,
weniger Krach in der Lyrik
und im Verbrauchermarkt.

Möglicherweise kommt sie ja noch,
die blaue Stunde, vorübergehend,
bevor der nächste Versager beginnt,
in die Menge zu feuern.

Flaumige Sachen, adagio,
bis zur Gedankenlosigkeit aufmerksam
an etwas Nachgiebiges rühren,
an einen Mundwinkel oder ein Moos.
Überhaupt, auf die geringfügigeren Gefühle
ist am ehesten noch Verlaß.

Alte Heimat

Am Gartenzaun blüht immer noch der Flieder,
und auf der Wiese steht dieselbe bunte Kuh.
Ja, auch die Metzgerin erkennst du wieder.

Sie warf dir manchmal eine Weißwurst zu.
Wo jetzt die Disko dröhnt, stand damals die Kaschemme,
ein rätselhafter Ort, verrufen und tabu.

Der Parkplatz dort war einst die Pferdeschwemme.
Im Speicher, wo die Motten schwirren, findest du
ein Bündel Liebesbriefe, ein Gebetbuch, Kämme …

Man lebte Wand an Wand mit sonderbaren Käuzen.
Der eine war ein Schwein, der andere ein Weiser.
Und abends hörte man sie alle beide schneuzen.

Im Radio schrie sich ein Irrer heiser.
Das Rathaus war geschmückt mit Hakenkreuzen.
Der letzte Kommunist, ein armer Scheißer,

rief in der *Grünen Linde:* »Schlagt den Hitler tot!«
Er zeigte auf den Doktor mit dem Stock.
»Ich weiß genau, womit der Kerl mir droht.«

(Der Pfarrer spielte mit dem Arzt Tarock.)
»Es ist die Heilanstalt mit ihrem Schlot.«
Die Kirche war sehr kalt und voll Barock.

Sie lag am Friedhof, der von Onkeln wimmelt.
Im Scheunendunkel kitzelte das Heu.
Dort hat dich die Cousine angehimmelt,

und was sie dir gezeigt hat, war dir neu.
Dann kam ein Zug vorbei und hat gebimmelt.
Das machte jedesmal die Ochsen scheu.

Die Schule roch nach Bohnerwachs, Urin
und Angst. Nur unsere Pförtnerin war lieb.
Auf einmal gab es nirgends mehr Benzin.

Der Fluß, auf dem die Wasserleiche trieb,
zieht heut noch still und ockerfarben hin.
Das ist das Wehr, an dem sie hängen blieb.

Fast hätt es dir die Kehle zugeschnürt.
Sehr alte taube Stunden kehren wieder.
Du fröstelst und du lachst. Du bist gerührt.

Am Gartenzaun blüht immer noch der Flieder.

Unpolitische Vorlieben

Dieses kleine Lächeln der Cellistin
nach der Kadenz im zweiten Satz,
obwohl soeben der Sicherheitsrat
zusammengetreten ist;

der tiefe Ernst, mit dem sich die Frau dort
in den Trümmern ihrer Wohnküche schminkt,
obwohl im Regierungsviertel
noch immer geschossen wird;

der Ehekrach dieser Achtzigjährigen,
wegen der Katzenhaare im Bett,
obwohl die Friedensverhandlungen
die entscheidende Phase erreicht haben;

das heulende Elend wegen der Jubiläumstasse,
die das Dienstmädchen zerschmettert hat,
obwohl der Währungsfonds im selben Moment
den Beistandskredit verweigert;

und hinter der Scheune das Liebespaar,
vor Eifer besinnungs- und atemlos,

obwohl

Curriculum vitae

Als er auftauchte
aus seiner dunklen Schachtel,
war er nichts Besonderes.
Straffe Haut, unschuldiger Geruch,
einer von Tausenden.

Ungern lernte er laufen,
knickte ein, paßte nicht,
paßte nicht auf. Mit der Zeit
gab er nach, wurde weich,
hütete seine Zunge.

In den Nächten stand er herum,
schlaflos, tagsüber aber
schleppte er sich von Ort zu Ort.
Er litt, wurde schmutzig und naß
auf seiner langen Wallfahrt.

Schweiß, Strapazen, Intimitäten –
ein Individuum, unverkennbar
und lieb. Nur daß die Runzeln
immer tiefer gingen, Flecken
erschienen auf seiner Haut, nur,

daß er nicht mehr ganz dicht war,
aus allen Nähten platzte.
Also landete er, dort,
wo wir alle landen,
in einer dunklen Schachtel.

Übrig blieb nur die Seele,
falls der Schuh eine hatte, unsichtbar
und zu nichts zu gebrauchen.

Ghasele zum Abschied

Weil du nie lockerlassen kannst,
nicht lieben und nicht hassen kannst,
weil du nur lügst und keinen Rock
und keinen Kick verpassen kannst –
jetzt rede ich, und du hörst zu,
auch wenn du's gar nicht fassen kannst –,
drum mach ich Schluß, und zwar im Ernst,
worauf du dich verlassen kannst.
Ach so, du winselst und du schwörst,
daß du mich nie vergessen kannst?
Glaubst du, daß du mit diesem Quatsch
mich noch einmal erpressen kannst?
Ich habe einen andern längst,
was du vielleicht nicht wissen kannst,
weshalb du dich von mir aus ein
für allemal verpissen kannst.

Eine zarte Regung

Mein Großvater,
dieser Glückliche,
verstand wenig vom Leben.
Er keuchte vor Appetit,
trug flotte Hüte
und glaubte häufig,
er wäre im Recht.
Mit siebenundneunzig
sah er, ungläubig
und zum erstenmal,
eine Klinik von innen.
»Schade«, murmelte er,
»hätte ich nur gewußt,
wie reizend sie sind,
die jungen Schwestern
an meinem Bett,
wie sanft ihre Hände,
früher, viel früher
wäre ich krank geworden«,
verzog die Mundwinkel,
wandte die Augen
zur Klingel und starb.

Woran ich es fehlen lasse

Nein, dem Frühstücksei
kann ich nicht das Wasser reichen.
Es ist perfekt.
Manchmal tut es mir leid,
daß ich wankelmütiger bin
als der Hochspannungsmast.
Angesichts meiner Rachsucht
rührt mich das wehrlose Moos.
Das Denken der Nashörner,
geradlinig wie es ist,
kann ich nur bewundern.
Siehe, länger als mein Gehirn
hält mein Schraubenzieher.
Die Ameise imponiert mir,
wie sie tastet und tastet
nach einem Spalt in der Mauer,
denn ich bin faul.
Wie schön wäre es,
weichherzig zu sein
wie die Feige, und selbstlos
wie die Glühbirne.
Tut mir leid. Entschuldigt bitte,
Essig und Öl, Pfeffer und Salz,
daß ich nicht, so wie ihr,
unentbehrlich bin.

Abschiedsgruß an die Astronauten

Teures Vergnügen, zum Mond
oder noch weiter. Hut ab
vor den tapferen Männern
in ihren schneeweißen Wülsten.

Da gäb es noch viel zu tun,
Orion oder Cassiopeia,
Herausforderungen
für Steuerzahler und Ingenieure.

Allerdings, auf Planeten,
auf denen es keine Orangen gibt,
weder Nüsse noch Reben,
lege ich wenig Wert.

Ferneren Milchstraßen,
aus der Entfernung eindrucksvoll,
aber vermutlich nicht wirtlich,
möchte ich lieber nicht nähertreten.

Phantasielos und konservativ
halte ich mich an Verheißungen,
die älter sind: Erde zur Erde
und Staub zu Staub.

Letzte Leerung

Dort, wo es am dunkelsten ist,
in deinem beschränkten Innern
füllst du dich, wirst gefüllt
mit Einwürfen, Liebesbriefen,
Zumutungen ohne Zahl,
bis du es satt hast. Dann endlich
kommt die Erleuchtung:

Du wirst geleert.
Plötzlich im Hellen verschwunden
sind sämtliche Botschaften.
Herrlich ist dieser Augenblick,
der dich blendet,
in dem du alles vergißt,
nicht zu vergessen dich selber.

Doch dann hebt die Klappe sich,
ein neues Tagwerk beginnt,
und wieder wirst du gestopft
mit dem unfaßbaren Überfluß,
dem du, kleiner Briefkasten,
wehrlos ausgeliefert
und nimmer gewachsen bist.

Die Große Göttin

Sie flickt und flickt,
über ihr zerbrochenes Stopfei gebeugt,
ein Fadenende zwischen den Lippen.
Tag und Nacht flickt sie.
Immer neue Laufmaschen, neue Löcher.

Manchmal nickt sie ein,
nur einen Augenblick,
ein Jahrhundert lang.
Mit einem Ruck wacht sie auf
und flickt und flickt.

Wie klein sie geworden ist,
klein, blind und runzlig!
Mit ihrem Fingerhut tastet sie
nach den Löchern der Welt
und flickt und flickt.

Unterlassungssünden

Ja, ich habe unentschuldigt gefehlt.
Als die Not am größten war,
bin ich nicht herbeigeeilt.
Verpaßte Liebesnächte,
beim Völkerballe eine Katastrophe,
nie richtig schwimmen gelernt.

Ja, ich habe es vermieden,
bis zur letzten Patrone zu kämpfen.
Unterlassen habe ich es,
dem Penner die Bruderhand zu küssen,
und beizeiten zu gießen
die Fleißigen Lieschen der Nachbarn.

Vergessen zu beichten,
davor zurückgeschreckt,
die Welt zu verbessern,
nie rechtzeitig ein- und ausgestiegen,
versäumt, dreimal täglich
meine Pillen zu nehmen.

Ja, ich habe darauf verzichtet,
Leute umzubringen. Ja,
ich habe nicht angerufen.
Vorläufig habe ich sogar
davon abgesehen, zu sterben.
Wenn ihr könnt, verzeiht mir.

Oder ihr laßt es bleiben.

Andenken an den prägnanten Moment

Der Morgen der Reue, die dir in die Glieder fährt wie ein
Hexenschuß;
der Tag, an dem du dich lächerlich gemacht hast für ewige
Zeiten;
der Abend, wo du am Boden liegst und das Blut läuft dir
aus der Nase;
die Stunde in der du entdeckst, daß du dich vierzehn Jahre
neun Monate und zwei Wochen lang getäuscht hast;
die Minute, da dich deine eigene Tochter ansieht wie eine
Fremde;
der Moment, in dem du die Spitze des Messers im Rücken
zu spüren glaubst;
der Augenblick, in dem du den Abschiedsbrief findest auf
dem Küchentisch;
die Zehntelsekunde, wo die Lawine unter deinen Füßen
sich zu lösen beginnt;

und davor und danach die unvorstellbar vielen Augenblicke
der Sorglosigkeit.

U-Bahn Wittenbergplatz

Die dir da entgegensinken, abwärts
in den alltäglichen Hades
auf der Rolltreppe, dieser alte Mann,
ganz bei sich in seinem mürrischen Herzen,
und die zerknitterte Frau,
die etwas Bitteres vor sich hinmurmelt –

die waren doch auch einmal entflammt,
früher, irgendwann, selbstvergessen,
außer sich, strahlend
vor Übermut, oder nicht?
Wie kam es? Seit wann? Und warum?
Draußen der Schnee ist auch schon wieder

zu Matsch geworden.

Die Vorzüge meiner Frau

Die Vorzüge meiner Frau sind zu zahlreich
für ein Blatt Din A4.
Sie ist ein Vielzeller mit knisternden Haaren,
die nachts, wenn sie schläft, vorzüglich gedeihen.
Jedes einzelne ist mir lieb. Mit weichen Stellen
ist sie wohl versehen. Wenn ihre Nüstern
ein wenig beben, dann weiß ich: sie denkt.
Wie oft sie denkt, und wie unwillkürlich sie lebt!
Ich weiß, sie kann ihre Zunge ringeln
kann fußeln. Wenn sie lacht oder zürnt,
zeigt sich am Mund eine neue Falte,
die mir gefällt. Nicht ganz weiß ist sie,
hat mehrere Farben. Auch ihre Atemzüge
sind zahlreich, ganz zu schweigen
von den mannigfaltigen Seelen in ihrer Brust
Es wundert mich, daß sie hier,
wo ich zufällig bin, meistens da ist.

Profane Offenbarung

Schneeweißes Tabernakel,
selbst der ewige Säufer
findet Gnade vor dir,
im Handumdrehn spendest du
der Sünderin Absolution
und erleuchtest die Schlaflosen,
die in deinem hellen Widerschein
vor dir knieen, nächtlicher Trost
der Dürstenden, süßer Nothelfer
aller Hungerleider!

Verheißungsvoll offenbarst du dich
dem Bedürftigen, winziger,
eisiger Garten Eden!
Mit Manna segnest den Pilger du,
mit frischen Pfirsichen, Trauben,
schimmernden Kirschen und Wein.
Altar oder Kühlschrank:
vor die Wahl gestellt,
so mancher frommer Glaube,
glaubt mir, geriete ins Wanken.

Vor dem Techno und danach

Der Herr v. Eichendorff
hat sich nicht erschossen.
Der Herr v. Eichendorff
kokste nicht, kam ohne Duelle
und ohne Quickies aus.
Der Herr v. Eichendorff
sprach fließend polnisch.
Sein Ehrgeiz hielt sich in Grenzen.
Der Herr v. Eichendorff –
schwache Lunge, Hilfsarbeiter
in preußischen Ministerien,
dreißig Jahre lang –
träumte von Waldhörnern
in seinem Büro, taugte
und taugte nicht,
lebte unauffällig, starb
und hinterließ ein paar Zeilen,
haltbarer als die morschen Ziegel
von Lubowitz, heutigen Tags
Rzeczpospolita Polska,
im tauben Ohr unsrer Kinder:
nur ein paar Zeilen,
die ihnen eines Tages,
wenn sie in Rente gehen,
vielleicht etwas Weiches,
Unbekanntes zu fühlen geben,
das früher Wehmut hieß.

Kindersoldaten

Wie schimmelgrün er gekratzt hat,
der holzige Uniformstoff
auf der bloßen Haut.
Noch keine siebzehn,
die Begeisterung für den Tod
metallisch leuchtend
aus seinen blauen Augen.
Ein Werwolf, gehenkt
im heißen Mai 45
auf einem Marktplatz in Franken.

Ein Vorbild für alle Heutigen,
die nie gehört haben
von seinesgleichen.
Andre Verheißungen,
andere Lügen und Himmel,
andersfarbige Fetzen,
doch derselbe Geruch nach Öl,
Nitrozellulose und Angst,
derselbe Eifer, andern und sich
ein Ende zu machen.

Interferenz

Hoffnung wäre zuviel gesagt,
aber wenn über den verwüsteten Dörfern
ein doppelter Regenbogen erscheint,
lassen sie, ein paar Minuten lang,
ihre Messer sinken
und sehen zu, wie er langsam
vor ihren blutunterlaufenen Augen hin
schwindet.

Sterne

für Adam Zagajewski

Jedes Jahr, astronomisch pünktlich, gehen sie wieder auf.
Was da kriecht, heißt, glaube ich, Pfennigkraut,
und das Winzige dort ist der Mauerpfeffer.
So viel, was gelb ist und bald vergeht.
Von denen, die sehr weit entfernt sind von uns,
in der Kälte, heißt es, sie brennen ab
wie am Geburtstag die Wunderkerzen.
Wenn es windstill ist, hangen manche matt
auf den Flappen. Einer kommt in der Bibel vor.

Als ich klein war, gab es noch andere,
krumm und zerdrückt, und es muß sie jemand
genäht haben an abgetragene, graue Mäntel.
Meine Tante Therese war es nicht,
andere Tanten saßen da, den Faden im Mund,
weitsichtig das Nadelöhr suchend.
So viele Sterne. Sprich nicht davon.
Nur daß sie gelb waren, gelb.
Und dann waren sie verschwunden.

Allerhand Ärger

Ein Schritt genügt, schon löst sich die Lawine.

Der Satte kann sich an den Hunger nicht erinnern.
Am Radarschirm verschwindet die Maschine.
Der Penner hält nicht viel von den Gewinnern.

Ein Sonntagskind stellt sich der Polizei –
man weiß oft nicht wohin mit solchen Spinnern –
und ruft erleichtert aus dem Knast: Ich bin so frei!

Der Terrorist ist stolz auf das Erreichte.
Im Märchen kocht und kocht der süße Brei.
Ein Kinderschänder freut sich auf die Beichte.

So mancher Sittenwächter murmelt vor sich hin:
Ein bißchen Kokain, das ist es, was ich bräuchte,
weil ich mit meinen Nerven völlig fertig bin.

Im Altersheim verdämmern sanft Athleten,
ans Bett gefesselt von der Pflegerin.

Im Aufsichtsrat wird um das letzte Wort gebeten.
Der starke Mann verkriecht sich, und der schwache
macht Krach. Es wimmelt von Propheten.
Der Schläfer schnarcht und träumt von seiner Rache.

Was denkt der Regisseur, verzieht er keine Miene?
Nur keine Angstlust, sagt er, keine Panikmache!
Und er stellt fest: Das alles ist Routine.

Kleiner Abgesang auf die Mobilität

Es war kalt in Bogotá.
Alle Restaurants hatten Ruhetag
in Mindelheim an der Mindel.
Auf Fidji strömender Regen.
Helsinki war ausgebucht.
In Turin streikte die Müllabfuhr.
Überall Straßensperren
in Bujambara. Die Stille
über den Dächern von Pécs
war der Panik nahe.
Noch am ehesten auszuhalten
war es unter dem Birnbaum
zu Hause.

Haustier

Meine Traurigkeit ist mein Goldhamster.
Ich lasse sie nicht verhungern. Des Nachts
höre ich, wie sie scharrt, kratzt, wühlt
in ihrem Verschlag. Am Morgen,
wenn ich gut aufgelegt bin,
öffne ich manchmal das Gitter.
Dann huscht sie auf rosigen Pfoten hervor,
sucht mich heim, sucht nach Futter,
versucht mich mit bebenden Nüstern.
Sie schnuppert an meiner Hand,
bis ich die Geduld verliere,
sie am gesträubten Nackenhaar packe,
so, daß sie panisch die Augen rollt,
und setze die Quiekende nieder
in ihren Käfig. Mit einem Klick
laß ich den Riegel einrasten
hinter ihr und bin froh.

Die Knöpfe

Auf und zu, auf und zu,
immer wieder dasselbe.
Machen Sie sich frei!
Die blutige Schürze,
das Sommerkleid,
reizend! Messing strahlt
an der Galauniform.
Diese schwarzen Perlen
an ihren Stiefelchen,
kokett! Eisern, scheppernd,
am Anzug des Sträflings.
Auf dem Klo, tausendmal.
Manschettengold,
Umkleidekabinen,
Rendezvous im Hotel.
Perlmutt, Polyvinyl.
Millionen von Knöpfen.
Wo sie nur alle bleiben?
Ab und zu löst einer sich,
rollt zu Boden.
Nur das Leichenhemd
– wie praktisch! –
    kommt ohne sie aus.

Ein erdfarbenes Liedchen

Noch ein Gedicht über den Tod usf. –
gewiß, aber wie wäre es mit der Kartoffel?
Begreiflicherweise kommt sie nicht vor
bei Homer und Horaz, die Kartoffel.
Doch was ist mit Rilke und Mallarmé?
War sie ihnen zu stumm, die Kartoffel?
Reimt sich zuwenig auf sie,
erdfarben wie sie ist, die Kartoffel?
Mit dem Himmel hat sie wenig im Sinn.
Geduldig wartet sie, die Kartoffel,
bis wir sie ans Licht zerren
und ins Feuer werfen. Der Kartoffel
macht es nichts aus, aber vielleicht
ist sie den Dichtern zu heiß, die Kartoffel?
Ja, dann warten wir eben noch ein Weilchen,
bis wir sie essen, die Kartoffel,
ein Weilchen besingen und wieder vergessen.

Creditur

Schon das schiere Nichts
hat es in sich.
Bauchschmerzen
für Metaphysiker.
Die Null zu erfinden
war kein Zuckerlecken.

Als dann auch noch
irgendein Inder
auf die Idee kam, etwas
könne weniger sein als nichts,
streikten die Griechen.

Auch den Gottesgelehrten
war nicht wohl dabei.
Blendwerk, hieß es,
eine Versuchung des Teufels.

Das sollen natürliche Zahlen sein,
riefen die Zweifler,
minus eins, minus eine Milliarde?

Nur wer Geld hatte,
und das waren die wenigsten,
der hatte keine Angst:

Schulden, Abschreibungen,
doppelte Buchführung.
Die Welt wurde abgezinst.
Die Arithmetik – ein Füllhorn.

Wir haben alle Kredit,
sagten die Banker.
Eine Sache des Glaubens.

Seitdem wird immer größer,
was weniger ist als nichts.

Die Geschichte der Wolken

1

So wie sie auftauchen, über Nacht
oder aus heiterem Himmel,
kann man kaum behaupten,
daß sie geboren werden.
So wie sie unmerklich vergehen,
haben sie keine Ahnung vom Sterben.
Ihrer Vergänglichkeit kann sowieso
keiner das Wasser reichen.

Majestätisch einsam und weiß
steigen sie auf vor seidigem Blau,
oder drängeln sich aneinander
wie frierende Tiere, kollektiv
und dumpf, ballen sich tintig
zu elektrischen Katastrophen,
dröhnen, leuchten, ungerührt,
hageln und schütten sich aus.

Dann wieder prahlen sie
mit eitlen Künsten, verfärben sich,
äffen alles, was fest ist, nach.
Ein Spiel ist ihre Geschichte,
unblutig, älter als unsre.
Historiker, Henker und Ärzte
brauchen sie nicht, kommen aus
ohne Häuptlinge, ohne Schlachten.

Ihre hohen Wanderungen
sind ruhig und unaufhaltsam.
Es kümmert sie nichts.
Wahrscheinlich glauben sie

an die Auferstehung, gedankenlos
glücklich wie ich, der ihnen
auf dem Rücken liegend
eine Weile lang zusieht.

II

Gegen Streß, Kummer, Eifersucht, Depression
empfiehlt sich die Betrachtung der Wolken.
Mit ihren rotgoldenen Abendrändern
übertreffen sie Patinir und Tiepolo.
Die flüchtigsten aller Meisterwerke,
schwerer zu zählen als jede Rentierherde,
enden in keinem Museum.

Wolkenarchäologie – eine Wissenschaft
für die Engel. Ja, ohne die Wolken
stürbe alles, was lebt. Erfinder sind sie:
Kein Feuer ohne sie, kein elektrisches Licht.
Ja, es empfiehlt sich, bei Müdigkeit,
Wut und Verzweiflung, die Augen
gen Himmel zu wenden.

III

Der blaue Himmel ist blau.
Damit ist alles gesagt
über den blauen Himmel.

Dagegen diese fliegenden Bilderrätsel –
obwohl die Lösung immerfort wechselt,
kann sie ein jeder entziffern.

Unfaßbar sind sie in höheren Lagen,
nebulös. Und wie sanft
sie hinsterben! So schmerzlos

ist wenig hier. Die Wolken,
sie haben keine Angst, als wüßten sie,
daß sie immer wieder zur Welt kommen.

V

Aber sie können auch anders.
Und dann, aus Wut oder Übermut
ballen sie sich, und faustdick
drohen sie. Schwarzgallig knallend
bricht aus ihnen die alte Gewalt.
Plötzlich platzt alles, Schall,
Spannung, Wasser und Eis.

Dann flüchten wir, wie immer
im Bett überrascht, auf die Dächer,
schnatternd, und warten im Dunkel,
den Säugling an die Rippen gepreßt,
in der Hand den Kanarienvogel,
auf die Sirenen, das Schlauchboot,
das ferne Schwirren des Hubschraubers.

XII

Eine Minute lang nicht hingeschaut,
schon sind sie da, plötzlich, weiß,
blühend ja, aber wenig handfest –
ein wenig Feuchtigkeit, hoch oben,
etwas Unmerkliches, das auf der Haut
hinschmilzt: rasanter Übergang
von Phase zu Phase – schön und gut.
Doch auch die Physik der Wolken
hat nicht alles im Griff.
Im Zweifelsfall »nimmt man an«,
»ist der Auffassung«. Schleierhaft,

diese Regengallen, Fallstreifen,
Lichtsäulen, Halos. Weiß der Himmel,
wie sie es machen. Eine Spezies,
vergänglich, doch älter als unsereiner.
Nur daß sie uns überleben wird
um ein paar Millionen Jahre
hin oder her, steht fest.

Gleichgewichtsstörung Hendrick Avercamp (Amsterdam 1585-Kampen 1634)

Daß es rutschig ist, zeigt sich an den Lawinen,
die donnernd im Fernsehen abgehen,
an kippenden Umfragewerten,
Beinbrüchen, Kursstürzen
und an den glitschigen Blutlachen
nach dem Selbstmordanschlag.
Du rutschst aus, rasselst herein,
bist reingefallen. Gletscherspalten,
Höhenangst wie im Horrorfilm –

wenn es nur das wäre! Aber nein!
Auch das blühende Leben
ist rutschig. Siehe, der Schmetterling
schlüpft, der Säugling auch!
Feucht ist die Zunge,
wie die Frau deines Herzens –
Gott sei Dank! –, und am Telephon
wünscht ein entfernter Bekannter dir
einen guten Rutsch.

Unter der Hirnschale

Was da unaufhörlich tickt
und feuert, das soll ich sein?
Woher denn. Es ist nur
diese graue Masse da drinnen.
Sie beobachtet mich,
ich beobachte sie.
Wir überraschen einander.
Nicht immer macht mein Gehirn,
was ich will. Mißverständnisse,
Kräche bleiben nicht aus.
Wenn es dunkel wird,
versuche ich, es ganz einfach
abzuschalten. Vergebens.
Es arbeitet weiter, erzeugt
Erfindungen, auf eigene Faust,
von denen ich nichts weiß,
für die ich nicht hafte.
Oft, ohne es zu fragen,
denke ich mir mein Teil.
Nur ganz zuletzt hören wir auf,
einander zu belauern,
und lassen es gut sein.
Dann herrscht endlich Ruhe.

Wo sich Pilatus die Hände wusch

»Stilles Örtchen«,
wo der Kaiser zu Fuß hinging,
»Kabinett der Bequemlichkeit« (F),
wo die Dame sich pudert (US),
»geruchloses Zimmer«,
wohin der Herr sich entschuldigt (E),
Null-Null, Naßzelle,
Abtritt, Abort,
Scheißhaus, Latrine –

Wenn wir den Rückzug antreten
in die gekachelte Einsamkeit,
kehrt, was wir verloren haben,
wieder: Fassung, Konzentration,
Entspannung. Endlich ungestört,
überlassen wir uns träumerisch,
als wären wir Kinder,
einem Bedürfnis, von dem es heißt,
es sei menschlich,
wie einer Art von Meditation,

bis ein erlösendes Rauschen
die lange Stille
bricht.

Holiday Inn Blues

Hier, in dieser Zelle,
bist du willkommen,
solange du zahlen kannst.
Da ist die Seife, der Stuhl,
das leere Bett, der offene Koffer,
das Röhrchen mit den Tabletten.
Die müde Kunst,
die dich pink angähnt,
ein Telephon, das nicht klingelt –
das ist alles.

Hier, ein für allemal,
der Welt zu entsagen,
in der gelblichen Badewanne,
wäre nicht höflich.
Derartige Ungelegenheiten
verbittet die Direktion sich.
Auch wenn das Blue movie droht,
der eklige Sekt aus der Minibar –
nur nicht die Nerven verlieren!
Am Ende, wer weiß,
wirst du vielleicht noch gebraucht?

Haar

Das Individuum, von hinten gesehen –
unverkennbar!
Wie flaumig das sprießt,
wie fettig, wie kraus, wie verfitzt!
Welche Vielfalt! Draht oder Seide –
Nuancen sind das, Gestaltungsmöglichkeiten:
Matten, Zotteln, Helme,
Wirbel, Zöpfe, Stacheln, Pilze,
Bürsten und Türme.

Da hätschelt jeder sein eigenes Kunstwerk,
ob es mühsam die Glatze deckt
oder herrlich fließt bis zum Hintern;
und ist doch nichts weiter
als ein tierisches Andenken,
das wächst und wächst, unaufhaltsam,
auch dann noch, wenn das Gehirn
sich schon lange verabschiedet hat.

Rätsel

Ein Meer größer als das Meer,
und du siehst es nicht.

Ein Meer, in dem du schwimmst,
und du spürst es nicht.

Ein Meer, das in deiner Brust rauscht,
und du hörst es nicht.

Ein Meer, in dem du badest,
und du wirst nicht naß.

Ein Meer, aus dem du trinkst,
und du merkst es nicht.

Ein Meer, in dem du lebst,
bis du begraben wirst.

Probleme

1. Es gibt Probleme.
2. Es gibt zwei Klassen von Problemen.
2.1. Es gibt lösbare und unlösbare Probleme.
2.1.1. Es gibt zwei Klassen von lösbaren Problemen.
2.1.1.1. Es gibt lösbare Probleme, von denen sich beweisen läßt, daß sie lösbar sind.
2.1.1.2. Es gibt lösbare Probleme, von denen sich nicht beweisen läßt, daß sie lösbar sind.
2.1.2. Es gibt zwei Klassen von unlösbaren Problemen.
2.1.2.1. Es gibt unlösbare Probleme, von denen sich nicht beweisen läßt, daß sie unlösbar sind.
2.1.2.2. Es gibt unlösbare Probleme, von denen sich beweisen läßt, daß sie unlösbar sind.
3. Diese Probleme sind es, welche die Menschheit seit Menschengedenken zu lösen versucht.

Leviathan

Unser riesiger Mitesser,
zur Zeit hat er Kreide gefressen.
Selten fletscht er die Zähne.
Er kennt uns nicht.
Er spricht, wenn er spricht,
immer von oben herunter
in seinem erbärmlichen Deutsch.
Aber wir wissen Bescheid.
Als Massenmörder unübertroffen,
als Wohltäter allseits willkommen,
füttern wir ihn, der nie satt wird.
Niemand liebt ihn. Selten
bricht er zusammen.
Dann erhebt er sich wieder,
mühsam. Ein Mammut.
Ohne uns, seine hörigen
Angehörigen, wäre er nichts.
Ihn loszuwerden – unmöglich.
Für uns spricht es nicht,
daß er unentbehrlich ist,
dieser ewige Langweiler.

Zur Erinnerung an Professor Kurzweil (1926-)

Kleiner Mann, Halbglatze, randlose Brille,
kariertes Jackett, immer gut aufgelegt.
Es gibt Momente, da ähneln wir ihm,
wenn er z. B. sagt:
»Ich möchte lieber nicht sterben«,
oder wenn er in die Tasten greift
und auf seinem wunderbaren Synthesizer spielt:
On the Sunny Side of the Street.

Aber dann, wenn er im Badezimmer
sein Ebenbild sieht,
wirkt er sehr unzufrieden.
Daß er ein Säugetier ist,
mißfällt ihm. Wozu das alles:
Verdauung, Hormone,
Zahnplomben! Dieser Körper:
als Betriebssystem unzulänglich!
Er weiß es besser. Eine neue Software,
und man kopiert sich
auf einen Memorystick.
Es ist eine Art digitaler Ewigkeit,
was ihm vorschwebt.

Nur die Löschtaste fehlt.
Falls er uns überleben sollte, geschrumpft
auf einen winzigen Prozessor:
Wir hätten nichts dagegen.

Eine Altersfrage

Die alte Dame mit dem Krückstock,
was hat sie alles über sich ergehen lassen!
Arbeitsbeschaffungsmaßnahmen,
Brandbomben, Rentenformeln,
»Unterwerfung unter die Zwangsvollstreckung«
(hört sich schlimmer an, als es ist,
hat der Notar gesagt, als er den Zwicker abnahm),
und noch dazu die vielen Kindstaufen,
Rohrbrüche und Beerdigungen.

Wie sie uns zuzwinkert
aus ihren kornblumenblauen Augen!
Ihr entzückendes Lächeln,
wo es nur herkommt?

Schwere Koffer

Wo kommen all diese Koffer im Hinterhof her,
wem gehören sie? Wer hat sie hergeschleppt,
abgestellt, liegenlassen, aufgestapelt,
vergessen? Altmodische Koffer,
zerfleddert, aufgeplatzt,
mit Schnüren zusammengehalten.
Aber das Leder ist gut, einst
muß es geglänzt haben, und das geborstene Schloß –
im Schaufenster schimmerte golden.

Was sollen all diese Koffer in unserem Hinterhof?
Was ist da drin? Diese Socken, diese Perücken,
das Tagebuch, der im Nadelkissen versteckte Diamant –
daß mir keiner die Sachen anrührt!
Hier gibt es keinen Finderlohn.
Die Unterseite der Griffe ist schmiegsam.
So viele Hände, durch die sie gegangen sind.
Niemand da. Nur die Koffer.

Das waren Zeiten

Ein Überfluß war das!
Jeder von uns besaß seinen eigenen Stuhl,
und es waren noch ein paar übrig
für müde Ausländer, die sich ausruhen wollten.
Unsre Gebisse waren wie neu.
Versicherungen hatten uns fest im Griff,
Vollbäder standen uns zur Verfügung
jahraus jahrein, und manchmal
sandten wir Geld und kaum getragene Jacken
an weit entfernte Personen.
Natürlich waren wir unbeliebt.
Ohne mit der Wimper zu zucken,
bestiegen wir Automobile und Aeroplane.
Überall gab es Sicherheitsschleusen.
Gehorsam zogen wir unsere Schuhe aus.
Für den Fall, daß uns einer falsch kam,
lauerte im Treppenhaus eine Schar von Anwälten.
Sogar den Krankheiten ging es immer besser.
Aber wir bissen die Zähne zusammen
und hielten durch.

Ein Berliner Empfang

Der Innenminister kam an,
schwungvoll wie immer,
nur wir nahmen keine Notiz von ihm.

Die meisten von uns waren beschäftigt
mit ihren Bandscheiben,
oder sie hatten ihre Geheimzahl vergessen.

Eure Sorgen möchte ich haben,
rief der Gastgeber, ein Fußballfan,
außer sich vor Erregung über den Freistoß
in der einundachtzigsten Minute.

Mit Ach und Krach erreichten
die Stärksten von uns das Buffet
mit den bunten Salaten.
Achselzuckend wandte sich der Minister ab.

Ja, die Ungerechtigkeit! Nicht einmal er
konnte ihr ein Ende machen.

Die Zerknirschung

Schlimm genug, was wir uns alles geleistet haben:
versäumt, Tante Olga im Altersheim zu besuchen,
unkeusche Gedanken gehegt, Steine geworfen,
Konjunktiv eins und zwei verwechselt,
Neger Neger genannt, Zeche geprellt,
Maikäfer in Zigarrenkisten gesperrt,
Freunde angeschmiert, Frauen verlassen –

ganz abgesehen von den wirklich unverzeihlichen Sachen,
die zu gestehen jedoch zu weit führen würde.

Daß es einst von uns heißen würde,
Gott dem Allmächtigen habe es *gefallen*,
uns zu sich heimzurufen,

wäre vielleicht übertrieben.

Vor dem Rücktritt

Voll von Verständnis
für den ahnungslosen Gesundheitsminister,
der zu regieren glaubt, und,
erschöpft von dem heillosen Durcheinander,
während im Souterrain
der Planungsstab auf den Tischen tanzt,
zwischen zwei Sitzungen
auf seinem leeren Schreibtisch
ein letztes Sudoku löst,
denke ich auch zuweilen daran,
meinen Abschied einzureichen.

Mehr oder weniger

Weniger, immer weniger.
Abnehmen zum Beispiel.
Meistens füllt sich, was leer ist,
wieder: Kühlschränke, Kassen,
Regentonnen, Lokale und Mägen.
Alles Volle, früher oder später
leert es sich, wenn auch nicht ganz,
ganz von selber.

Der Ingenieur ist schon froh,
wenn er es endlich erreicht hat
mit unendlichen Mühen
(zehn hoch minus zwölf Millibar):
das Ultrahochvakuum.
Die Autobahn ist wieder frei.
Die Gäste gehen.
Der Barkeeper darf endlich ins Bett.

Noch mehr, noch weniger
verspricht nur der Buddha:
die vollkommene Leere.
Und was diese Seite betrifft –
wie schön war sie einst,
als sie noch leer war,
vollkommen leer –
vollkommen!

Gäste

Die immer zu spät kommen
Die immer in letzter Minute absagen
Die nur ganz kurz vorbeischauen
Die eingeladen sind, weil sie einen eingeladen haben
Die sich grämen, weil sie nicht eingeladen sind
Die nicht eingeladen sind, aber trotzdem vor der Tür
stehen
Die mit ihren Diätvorschriften
Die ihre Blattpflanzen, ihre Babys und ihre Bernhardiner
mitbringen
Die Nachbarn, die wegen der Musik nicht schlafen
können
Die immer jüdische Witze erzählen
Die nur Mineralwasser trinken
Die, denen schon die Augen zufallen
Die einander fortwährend photographieren
Die auf dem Balkon rauchen müssen
Die immer wissen, wer was mit wem hat
Die betonen, das müsse aber unter uns bleiben
Die zuviel Whiskey getrunken haben
Die noch schnell anderswohin müssen
Die so lange bleiben, bis alle gegangen sind
Die willkommen sind, auch wenn sie nicht vorher anrufen
Die vermißt werden, weil sie unter der Erde liegen

Nürnberg 1935

Damals warf im September die Sonne
sehr lange Schatten über die Wöhrder Wiese.
Ich war sechs, doch mein Schemen
zog sich so riesig hin, daß ich erschrak.
Über ihn springen konnte ich nicht.
Dann war er auf einmal verschwunden.
Die Seele wollte mir niemand abkaufen.
Es roch nach Laub und nach Heu.
Bis zum Herbst neununddreißig
war es noch weit. Ahnungslos
schleppte der Frieden sich hin.
Keine Feuersäulen stiegen auf
über der Stadt. Es war kalt
im Schatten der hohen Türme.

Die Seife

Wie stolz sie war, wie üppig sie anfangs
geduftet hat! Durch wie viele Hände
sie gegangen ist, wie entsagungsvoll
sie gedient hat, und immer von neuem
war da der Dreck. Unbefleckt
ist sie geblieben. Klaglos
hat sie sich selber verzehrt.
So ist sie immer kleiner und kleiner
geworden, unmerklich, dünn,
beinahe durchsichtig, bis sie eines Morgens
vollkommen verschwunden war.

Blauwärts

Hinter der Nebelwand im Gehirn
gibt es noch andere Gegenden,
die blauer sind, als du denkst.

Wie klein sähe die Geschichte aus,
von oben gesehen. Kühl und hell,
schwerelos ginge dein Atem dort,

wo dein Ich nichts wiegt.

Intimität

Die Nase, mit der ich zusammenlebe,
ist äußerst empfindlich.
Niemand darf in ihr bohren.
Bald will sie, daß ich sie zuhalte,
dann läuft sie wieder und verlangt,
daß ich mich schneuze.
An ihre Launen bin ich gewöhnt.
Oft wünscht sie, hoch getragen zu werden,
oder ich soll sie in Dinge stecken,
die mich nichts angehen.
Auch genießt sie es, laut zu niesen.
Wenn sie blutet, muß ich sie stillen.
Unversehens rümpft sie sich.
Wie kommt es nur,
daß wir es schon so viele Jahre
miteinander aushalten,
meine Nase und ich?
Wenn ich sie ignoriere, bebt sie,
ganz so, als wären wir unzertrennlich.

Reparaturen

Zuerst muß die Zündkerze gewechselt,
der Bauch wieder zugenäht werden.
Der Hosenknopf ist unter die Couch gerollt,
und das Klo ist schon wieder verstopft.

Immer neue Störfälle und Hurrikane.
Ach, die Tarifverhandlungen sind gescheitert.
Die Reform der Reform der Rentenreform
sollte unbedingt jemand flicken.

Jetzt ist auch noch der Rechner abgestürzt!
Jetzt heißt es die Sauerei in der Küche aufwischen,
den Blindgänger unverzüglich entschärfen,
die Ehe und das Meißener Porzellan leimen!

Dann sehen wir weiter.

Eventuell

Vorläufig bin ich noch da. Ich harre aus,
wie dort oben der schwarze Nachtfalter
an der weißen Wand. Ich rühre mich nicht.
Einstweilig sind meine Verfügungen.
Nirgends ein Heureka. Nur ab und zu

winzige Offenbarungen, millimetertief,
vorübergehend wie das Glück, wie der Rauch
der beinahe letzten Zigarette.
Das meiste verdunstet wie das Parfum in einer Flasche,
die den Stöpsel eingebüßt hat.

Die Astrophysiker sagen,
selbst die Sonne sei nicht so dauerhaft,
wie sie scheint. Die letzte Instanz
ist bloß eine Kneipe, in der die Anwälte
ihre Zeit totschlagen.

Das Jüngste Gericht läßt auf sich warten.
Geduld, sag ich mir, nur keine Panik!
Wer weiß, ob auf die Vergänglichkeit
wirklich Verlaß ist. Nur der Tod,
sagen die Sterblichen, sei definitiv.

Doch ob wir beide erwachen,
sobald die Posaune erschallt,
ob wir sie bemerken werden,
unsere Wiedergeburt,
ich und die dunkle Motte dort?

Imagepflege

Man hat sich Mühe gegeben,
unendliche Mühe.
Immer von neuem die Nase geputzt,
die Augenbrauen gezupft,
die Warze besprochen.
Gebürstet hat man, gegurgelt,
gekremt, gewaschen, geföntt,
sich jahrzehntelang tief verbeugt
vor den Zehennägeln.
Welche Hingabe!
Welche Engelsgeduld!
Obwohl man ganz genau wußte,
da war nie ein Triumph in Sicht.

Anteilnahme

Für den Fall des Falles ist damit zu rechnen,
daß sich mehrere Leute mit dir beschäftigen müssen:
ein Arzt, der den Totenschein ausstellt;
möglicherweise ein Pathologe;
das Standesamt, bei dem der Sterbefall angezeigt
und die Sterbeurkunde ausgestellt wird;
ein Bestatter, der sich »Abschied« oder »Trauerhilfe«
nennt,
Sargträger und Totengräber;
das Blumengeschäft und der Steinmetz,
gleich schräg gegenüber vom Friedhof;
womöglich ein Kranzschleifendrucker
und eine Blaskapelle; der Pfarrer;
die Anzeigenannahme beim Lokalblatt;
eine Wirtschaft, die den Leichenschmaus ausrichtet;
und natürlich deine Hinterbliebenen.
Nicht zu vergessen allerhand Maden, Mikroben!
Ist dir das momentan allzu makaber?
Zuletzt wird vielleicht, vielleicht auch nicht,
eine kleine Strafkammer zusammentreten,
wenn beim Jüngsten Gericht ein Termin
beim Dritten Senat für dich frei sein sollte.

In der Fußgängerzone

Darf ich um Ihre Aufmerksamkeit bitten?
Sie sind eine Knalltüte.
Ja, Sie meine ich. Ich sehe,
daß Sie schon wieder einmal
viel zuviel Schrott eingekauft haben.
Das ist typisch für Knalltüten
wie Sie. Entschuldigung, aber
wen soll man eine Knalltüte nennen,
wenn nicht Sie? Was kann ich dafür?
Das ist Ihre Privatsache. Nicht
daß Sie glauben, ich hätte etwas
gegen Knalltüten. Woher denn?
In einer Demokratie hat jeder
das unveräußerliche Recht,
eine Knalltüte zu sein,
Sie auch. Das wird man doch
noch sagen dürfen. Also,
alles Gute als Konsument!

Der Kranführer

In seinem gläsernen Käfig ist er,
hoch oben, über Leute erhaben,
die behelmt sind und schwitzen.
Wie ist er da hingekommen?
Mit einem engbrüstigen Aufzug.
Nur im Notfall braucht er
für seinen Auf- und Abstieg
eine riskante Jakobsleiter.

In seiner Kanzel muß er sich hüten.
Bei einer so turmhohen Maschine
drohen Fehler, Unglücksfälle,
Abstürze, obwohl der Ballast
viel Gefahr aus- und aufwiegt.
Den Ausleger dreht und schwenkt
der Herr des Verfahrens. Präzise
versucht er, sein Drahtseil
sinken und steigen zu lassen.

Er allein hat den Überblick.
Gute Aussichten! Kontrolle
ist alles im Hochbau. Endlich
hat er die Last am Haken.
Er lüftet sie. Alles nach Plan.
Wie schafft er das nur?

Wenn nichts dazwischenkommt,
kann er bald nach Hause gehen.

Ohne mich, oder Die Lust am performativen Widerspruch

Mir fehlen die Worte.
Ich spreche nicht deutsch.
Hier herrscht vollkommene Stille.
Ich bin sprachlos.
Meine Lippen sind versiegelt.
Aus mir kriegen Sie kein Wort heraus.
Ich schlafe. Ich bin bewußtlos.
Ich liege im Koma.
Es kann keine Rede davon sein,
daß ich da bin.
Ich widerspreche mir nie.
Ich bin ganz weg.

Chardin

Briefe von seiner Hand fehlen.
Distinguiert, gebildet, ein Weltmann
war er nicht. Ein gelernter Tischler,
der lange kein Geld hatte. Selber
brachte er sich die Kunst bei.
Wie langsam er gearbeitet hat!
Die Käufer mußten Geduld haben.
Dann überraschte der Ruhm ihn,
ebenso wie der Kummer,
die Pension des Königs,
das schwindende Augenlicht
und die Gallensteine.
Die Farbtupfer dieses Auserwählten,
so leuchtend wie ein Glas Wasser,
sind nie wieder erloschen.

Der Triumph war seine Sache nicht

Haydn, Sohn eines Wagenbauers
aus der tiefsten Provinz,
klein von Wuchs, pockennarbig,
der Künstler als Naturwunder,
dem es an Neid und an Häme fehlte;
die Intrige verstand er nicht.
In einer Welt voller Vorschriften,
livrierter Fürstendiener,
von aller Welt abgesondert. Niemand
konnte ihn »an mir selbst irre machen
und quälen«. Unglückliche Ehe,
verständnis- und kinderlos.
Das Vergnügen arglos: ein wenig angeln
oder etwas am Flügel erfinden.
Sich zu beklagen fiel ihm nicht ein.
Ein endloses Werkverzeichnis
von arkanen Hoboken-Nummern:
Müheloser, unbegreiflicher Fleiß.
Unterschätzt, überrascht, daß er
mit siebzig reich war und geplagt
von Gliederschmerzen. Er soll
an Entkräftung gestorben sein.
In Wien fielen damals Kanonenschüsse.
»O Gott, wie viel ist noch zu tun
in dieser herrlichen Kunst!«
Die Suche nach seinem Schädel
hat hundertfünfzig Jahre gedauert.

Copyrightangaben

Utopia
Geburtsanzeige
Verteidigung der Wölfe gegen die Lämmer
aus: Hans Magnus Enzensberger, *Verteidigung der Wölfe. Gedichte.*
© Suhrkamp Verlag Frankfurt am Main 1957

Blindlings
An alle Fernsprechteilnehmer
Schaum
Wortbildungslehre
aus: Hans Magnus Enzensberger, *Landessprache. Gedichte.*
© Suhrkamp Verlag Frankfurt am Main 1960

Küchenzettel
Notizbuch
Mund
Rädelsführer
Bibliographie
Middle Class Blues
Weiterung
Die Verschwundenen
Leuchtfeuer
Flechtenkunde
Trigonometrischer Punkt
Mehrere Elstern
Windgriff
Schattenbild
Schattenreich
aus: Hans Magnus Enzensberger, *Blindenschrift. Gedichte.*
© Suhrkamp Verlag Frankfurt am Main 1964

Das leere Haus
Über die Schwierigkeiten der Umerziehung
Poetik-Vorlesung
Vorschlag zur Strafrechtsreform
Lied von denen auf die alles zutrifft und die alles schon wissen
Die Scheiße

Die Macht der Gewohnheit
Hommage à Gödel
aus: Hans Magnus Enzensberger, *Gedichte 1955-1970.*

Das Blumenfest
Einführung in die Handelskorrespondenz
Das Einverständnis
Die Männer mit den hellen Hüten
aus: Hans Magnus Enzensberger, *Die Gedichte.*

Giovanni de' Dondi (1318-1389)
Niccolò Machiavelli (1469-1527)
Jacques de Vaucanson (1709-1782)
Michail Aleksandrovič Bakunin (1814-1876)
Ernesto Guevara de la Serna (1928-1967)
aus: Hans Magnus Enzensberger, *Mausoleum. Siebenunddreißig Balladen aus der Geschichte des Fortschritts.*

Apokalypse. Umbrisch, etwa 1490
Abendmahl. Venezianisch, 16. Jahrhundert
Die Ruhe auf der Flucht. Flämisch, 1521
Innere Sicherheit
Verlustanzeige
Der Aufschub
Schwacher Trost
Weitere Gründe dafür, daß die Dichter lügen
Erkenntnistheoretisches Modell
Erkennungsdienstliche Behandlung
aus: Hans Magnus Enzensberger, *›Der Untergang der Titanic‹. Eine Komödie.*

Andenken
Der Angestellte
Die Dreiunddreißigjährige
Die Scheidung
Stadtrundfahrt

Das Falsche
Kurze Geschichte der Bourgeoisie
Finnischer Tango
Früher
Nicht Zutreffendes streichen
Gemeinschaftskunde
Die Kleider
Ein Traum
Kein Anschluß unter dieser Nummer
Der Fliegende Robert
Die Furie
aus: Hans Magnus Enzensberger, *Die Furie des Verschwindens. Gedichte.*

Konsistenz
Chinesische Akrobaten
Zur Frage der Bedürfnisse
Alte Revolution
Verschwundene Arbeit
Der Eisenwarenladen
Zum Ewigen Frieden
Ein Hase im Rechenzentrum
Vorgänger
aus: Hans Magnus Enzensberger, *Zukunftsmusik.*

Kiosk
Der Krieg, wie
Privilegierte Tatbestände
Der blecherne Teller
Altes Europa
Audiosignal vom 15. Mai 1912
Schöner Sonntag
Auch eine Offenbarung
Der Neue Mensch
Altes Medium
Für Karajan und andere
Die Visite
Empfänger unbekannt – *Retour à l'expéditeur*

aus: Hans Magnus Enzensberger, *Kiosk. Neue Gedichte.*

Optimistisches Liedchen
Kriegserklärung
Ein schwarzer Tag
Zahlungsmittel
Prästabilierte Disharmonie
Leichter als Luft
Aesculus hippocastanum
Leisere Töne
Alte Heimat
Unpolitische Vorlieben
Curriculum vitae
Ghasele zum Abschied
Eine zarte Regung
Woran ich es fehlen lasse
Abschiedsgruß an die Astronauten
Letzte Leerung
Die Große Göttin
aus: Hans Magnus Enzensberger, *Leichter als Luft. Moralische Gedichte.*

Unterlassungssünden
Andenken an den prägnanten Moment
Genetik
U-Bahn Wittenbergplatz
Die Vorzüge meiner Frau
Profane Offenbarung
Vor dem Techno und danach
Kindersoldaten
Interferenz
Sterne
Allerhand Ärger
Kleiner Abgesang auf die Mobilität
Haustier
Die Knöpfe
Ein erdfarbenes Liedchen
Creditur

Die Geschichten der Wolken
aus: Hans Magnus Enzensberger, *Geschichte der Wolken. 99 Meditationen.*
© Suhrkamp Verlag Frankfurt am Main 2003

Gleichgewichtsstörung
Unter der Hirnschale
Wo sich Pilatus die Hände wusch
Holiday Inn Blues
Haar
Rätsel
Probleme
Leviathan
Zur Erinnerung an Professor Kurzweil
Eine Altersfrage
Schwere Koffer
Das waren Zeiten
Ein Berliner Empfang
Die Zerknirschung
aus: Hans Magnus Enzensberger, *Rebus. Gedichte.*
© Suhrkamp Verlag Frankfurt am Main 2009

Vor dem Rücktritt
Mehr oder weniger
Gäste
Nürnberg 1939
Die Seife
Blauwärts
aus: Hans Magnus Enzensberger, Jan Peter Tripp, Justine Landat, *Blauwärts. Ein Ausflug zu dritt*
© Suhrkamp Verlag Berlin 2013

Intimität
Reparaturen
Eventuell
aus: Hans Magnus Enzensberger, *Gedichte 1950-2015*
© Suhrkamp Verlag Frankfurt am Main 2014

Imagepflege
Anteilnahme

In der Fußgängerzone
Der Kranführer
Ohne mich, oder Die Lust am performativen Widerspruch
Chardin
Der Triumph war seine Sache nicht
Bislang ungedruckt. Sie werden enthalten sein in:
Hans Magnus Enzensberger und Jan Peter Tripp, *Wirrwarr* (2020)

Alphabetisches Verzeichnis der Gedichttitel

Inhaltsverzeichnis

Hans Magnus Enzensberger im Suhrkamp und im Insel Verlag Eine Auswahl

Ach Europa! Wahrnehmungen aus sieben Ländern. Mit einem Epilog aus dem Jahre 2006. Gebunden und st 1690. 501 Seiten

Album. Gebunden. 336 Seiten

Blauwärts – Ein Ausflug zu dritt. Gedichte von Hans Magnus Enzensberger. Bilder von Jan Peter Tripp. Inszeniert von Justine Landat. Klappenbroschur. 136 Seiten

Blindenschrift. es 217. 96 Seiten

Deutschland, Deutschland unter anderm. Äußerungen zur Politik. Sonderausgabe. es 203. 178 Seiten

Dialoge zwischen Unsterblichen, Lebendigen und Toten. Gebunden. 216 Seiten

Einladung zu einem Poesie-Automaten. es 2156. 74 Seiten

Einzelheiten
– I: Bewußtseins-Industrie. es 63. 212 Seiten
– II: Poesie und Politik. es 87. 143 Seiten

Die Elixiere der Wissenschaft. Seitenblicke in Poesie und Prosa. st 3632. 282 Seiten

Enzensberger Panoptikum. Zwanzig Zehn-Minuten-Essays. Broschur. 141 Seiten

Der Fliegende Robert. Gedichte, Szenen, Essays. st 1962. 346 Seiten

NF 274/1/05.17

Fortuna und Kalkül. Zwei mathematische Belustigungen. eu 22. 71 Seiten

»fuer Zwecke der brutalen Verstaendigung«. Hans Magnus Enzensberger – Uwe Johnson. Der Briefwechsel. Herausgegeben von Henning Marmulla und Claus Kröger. Mit Abbildungen. Gebunden. 342 Seiten

Die Furie des Verschwindens. Gedichte. es 1066. 90 Seiten

Gedichte. Verteidigung der Wölfe. Landessprache. Blindenschrift. Die Furie des Verschwindens. Zukunftsmusik. Kiosk. Sechs Bände in Kassette. st 3047. 633 Seiten

Gedichte 1950 - 2010. st 4201. 246 Seiten

Gedichte 1950 - 2015. st 4554. 241 Seiten

Geisterstimmen. Übersetzungen und Imitationen. Gebunden. 394 Seiten

Die Geschichte der Wolken. 99 Meditationen. Gebunden. 152 Seiten. Auch als limitierte und signierte Vorzugsausgabe

Hammerstein oder Der Eigensinn. Eine deutsche Geschichte. Mit zahlreichen Abbildungen. Gebunden. 375 Seiten und st 4095. 378 Seiten

Herrn Zetts Betrachtungen, oder Brosamen, die er fallen ließ, aufgelesen von seinen Zuhörern. Das neue Prosabuch. Gebunden. 229 Seiten und st 4553. 226 Seiten

Ich bin keiner von uns. Filme, Porträts, Interviews. fes 11. 2 DVDs mit einem ausführlichen Booklet

NF 274/2/05.17

Im Irrgarten der Intelligenz. Ein Idiotenführer. es 2532. 59 Seiten

Immer das Geld! Ein kleiner Wirtschaftsroman. Gebunden und st 4729. 213 Seiten

Josefine und ich. Eine Erzählung. Gebunden und st 3924. 147 Seiten

Kilroy was here. Ein immerwährender Kalender. Mit Kilroy-Zeichnungen von Kat Menschik. st 4627. Gebunden. 224 Seiten

Kiosk. Neue Gedichte. Leinen und BS 1256. 134 Seiten

Der kurze Sommer der Anarchie. Buenaventura Durrutis Leben und Tod. Roman. st 395. 303 Seiten

Landessprache. Gedichte. es 304. 98 Seiten

Leichter als Luft. Moralische Gedichte. st 3666. 132 Seiten

Mausoleum. Siebenunddreißig Balladen aus der Geschichte des Fortschritts. Halbleinen. 125 Seiten. BS 602. 128 Seiten und st 2377. 139 Seiten

Meine Lieblings-Flops, gefolgt von einem Ideen-Magazin. Gebunden und st 4332. 241 Seiten.

Mittelmaß und Wahn. Gesammelte Zerstreuungen. 282 Seiten. Gebunden. st 1800. 279 Seiten

Politik und Verbrechen. Neun Beiträge. st 442. 401 Seiten

Politische Brosamen. st 1132. 237 Seiten

NF 274/3/05.17

Rebus. Gedichte. Gebunden. 120 Seiten.

Sanftes Monster Brüssel oder Die Entmündigung Europas. es-Sonderdruck. 73 Seiten

Scharmützel und Scholien. Über Literatur. Herausgegeben von Rainer Barbey. Broschur. 924 Seiten

Tumult. Pappband. 287 Seiten

Der Untergang der Titanic. Eine Komödie. st 681. 121 Seiten

Verschwunden! Mit Zeichnungen von Jonathan Penca. IB 1398. 73 Seiten

Versuche über den Unfrieden. st 4626. 183 Seiten

Voltaires Neffe. Eine Fälschung in Diderots Manier. Bütten-Broschur. 71 Seiten

Zickzack. Aufsätze. Gebunden und st 2940. 201 Seiten

Zukunftsmusik. Gedichte. Leinen und st 2223. 119 Seiten

NF 274/4/ 05.17